Dieses Buch ist der unveränderte Reprint einer älteren Ausgabe.

Erschienen bei FISCHER Digital

Hedderichstr. 114, D-60596 Frankfurt am Main

Printed in Germany
ISBN 978-3-596-31013-5

Fischer

Weitere Informationen finden Sie auf
www.fischerverlage.de.

In der Nacht zum 26. Dezember 2004 lösen sich vor Sumatra die Indische und die Eurasische Platte aus ihrer Verkantung. Zwischen den Erdschichten hat sich eine ungeheure Spannung aufgebaut, die sich in einem gewaltigen Beben entlädt. Dem daraus resultierenden Tsunami fallen rund 300 000 Menschen aller Kulturen und Religionen zum Opfer – die Welle, die auf die Küsten der Länder am Indischen Ozean trifft, ist eine Katastrophe für die ganze Welt.

Michael Schwelien rekonstruiert den Hergang des Tsunami, erklärt Möglichkeiten und Grenzen von Frühwarnsystemen, bildet zukünftige Tsunami-Szenarios ab und beleuchtet die politischen und sozialen Folgen der Katastrophe. Im Mittelpunkt steht dabei die längst überfällige Auseinandersetzung mit der Tatsache, dass die Erdbevölkerung mehrheitlich in Küstennähe lebt. Michael Schwelien zeigt auf, welche Fehler der Mensch beim Leben mit dem Meer begangen hat – und welche Maßnahmen für die Zukunft dringend geboten sind.

Michael Schwelien, Jahrgang 1948, ist langjähriger Reporter der *ZEIT*. Er ist Autor von Biographien über Joschka Fischer und Helmut Schmidt. Zuletzt erschien sein Buch *Das Boot ist voll – Europa zwischen Nächstenliebe und Selbstschutz* (marebuchverlag).

Michael Schwelien

TSUNAMI
Die Schicksalsflut

Die Katastrophe und die
Folgen für die Welt

Ein marebuch

Fischer
Taschenbuch
Verlag

Originalausgabe
Veröffentlicht im Fischer Taschenbuch Verlag,
einem Unternehmen der S. Fischer Verlag GmbH,
Frankfurt am Main, März 2005

Redaktionelle Mitarbeit: Heiko Arntz und Ole Jansen
Druck und Bindung: Clausen & Bosse, Leck
Printed in Germany

ISBN 3-596-16954-2

Inhalt

Kapitel 1

Die Katastrophe

Der zweite Weihnachtstag ist kein besonderer Tag für die Buddhisten, Hindus und Muslime in Asien, und nur wenige der dort lebenden Christen begehen ihn als Feiertag. Der 26. Dezember 2004 fiel auf einen Sonntag, doch auch dies unterschied ihn kaum von anderen Tagen. Die Armen haben auch am Sonntag keine Muße, und für Touristen ist jeder Tag ein Mußetag. So taten die Menschen an den Küsten des Indischen Ozeans an diesem Tag das, was sie immer tun: Die Fischer fuhren aus, die Hafenarbeiter machten sich an die Arbeit, Touristen und besser gestellte Einheimische, die den Sonntag freimachen können, gingen, wenn sie sich nicht noch in den Betten räkelten, an den Strand, denn die Sonne schien, der Himmel war in weiten Regionen wolkenlos, das Meer lockte.

Von jeher zieht das Meer die Menschen an. Die Ozeane ernähren uns, von ihnen steigt das Wasser auf, das als Regen wieder zur Erde fällt, unsere wichtigsten Transportwege verlaufen über die Meere, und ihre Küsten sind unsere bevorzugten Lebensräume. Die Mehrzahl der Menschen wohnt heute in küstennahen Regionen. Für reiche Touristen sind Urlaub und Strand fast schon zu Synonymen geworden.

Das Meer besitzt in vielerlei Hinsicht mythische Qualitäten. Das Leben ist in den Ozeanen entstanden, und die Weite des Horizonts vermittelt uns einen Eindruck von Unendlichkeit. Aber das Meer ist auch gefahrvoll und todbringend. In der Überlieferung vieler Völker ist die Rede von einer Sintflut, mit der den Menschen auf fürchterliche Weise gerade die Endlichkeit alles Irdischen vor Augen geführt wird. Das dürfte der amerikanische Philosoph und Kulturhistoriker William James Durant im Sinn gehabt haben, als er schrieb: »Die Zivilisation besteht nur mit der geologischen Einwilligung unseres Planeten. Diese Einwilligung kann er jederzeit und ohne Vorwarnung widerrufen.«

An diesem zweiten Weihnachtstag des Jahres 2004 schien es, als ob der Planet seinen Kontrakt mit der Zivilisation aufkündigen wollte. Doch ohne Vorwarnungen geschah dies nicht. Indes konnten oder wollten die Menschen diese Vorwarnungen nicht beherzigen.

In der Nacht zum 26. Dezember bebt der Meeresboden entlang der Kontinentalplatte vor Sumatra mehrere Male. Die Beben bleiben zunächst folgenlos. Indonesien wird alle paar Tage von Erdstößen erschüttert. Sie gehören zum Alltag und werden von der Bevölkerung als Gott gegeben hingenommen. Wissenschaftler nehmen in dieser Nacht höchst unterschiedliche Messungen vor.

Es ist 0:58 UTC, der Universal Coordinated Time, der Zeitmessung, die früher Greenwich Mean Time, GMT, genannt wurde. Auf Sumatra ist es also 7:58 Uhr, und vom Institut für Wetterkunde und Geophysik in der auf der Nachbarinsel Java liegenden indonesischen Hauptstadt Jakarta werden die Erdstöße mit einer Stärke von 6,4 auf der Richterskala registriert. Ein nicht sonderlich beunruhigender Wert in dieser Region. Auf den Philippinen, die ebenfalls in der Vergangenheit häufig von Erdstößen und Tsunamis heimgesucht worden sind, wird an diesem Sonntagmorgen gar nicht gemessen, obwohl das Land sich mit internationalen Verträgen verpflichtet hat, Erdbeben zu registrieren und die Daten ins Internet zu stellen. In Singapur dagegen, Sumatra gegenüber an der Straße von Malakka, wird ein Wert von 8,5 ermittelt. In der

US-amerikanischen Erdbebenwarte im Bundesstaat Colorado stellen die Experten ein Beben von einer Stärke von 8,9 fest. Und in Malaysia, ebenfalls Sumatra östlich gegenüber, registrieren Seismologen in diesem Moment ein Seebeben der Stärke 9. Mit 9 Punkten auf der Richterskala wäre dies das weltweit gewaltigste Beben seit vierzig Jahren und das fünftstärkste, das überhaupt je gemessen wurde.

Von den amerikanischen Forschern wird eine Warnung ausgegeben, dass auf die Erdstöße ein Tsunami folgen könnte. Eine entsprechende Meldung wird wenige Minuten nach dem Beben auf die Internetseite des Geologischen Dienstes der USA gestellt. Wer sie lesen will, muss allerdings ein wenig suchen, sich über fünf Links weiterklicken. Zunächst ist nur die Entwarnung für die Anrainer eines anderen Ozeans zu lesen: »Keine Tsunami-Gefahr für die Pazifik-Region.« Darunter der lapidare Hinweis: »Möglichkeit eines Tsunami im Erdbebengebiet.« Die Warnung verpufft, wer von ihr erfuhr, nahm sie nicht ernst. Das »Erdbebengebiet« liegt irgendwo auf hoher See. Tsunamis im Indischen Ozean – lang ist es her, dass jemand von diesen Wellen gehört hätte, zu lang. Und die bloße »Möglichkeit« eines Tsunami besteht in dieser Region praktisch jeden Tag.

Ein direkter Kontakt zwischen den amerikanischen Experten und den Behörden in der Region kommt nicht zustande. Es gab keine Adresse, keine Telefonnummern – die Amerikaner erklärten später, sie hätten schlicht nicht gewusst, wen sie auf die drohende Gefahr hätten aufmerksam machen können. Immerhin wurden E-Mails an die amerikanischen Botschaften und andere Außenstellen rund um den Indischen Ozean verschickt und Anrufe getätigt. Es bleibt ungeklärt, ob dabei von der »Wahrscheinlichkeit« (»probability«) oder nach wie vor lediglich von der »Möglichkeit« (»possibility«) eines Tsunami die Rede war.

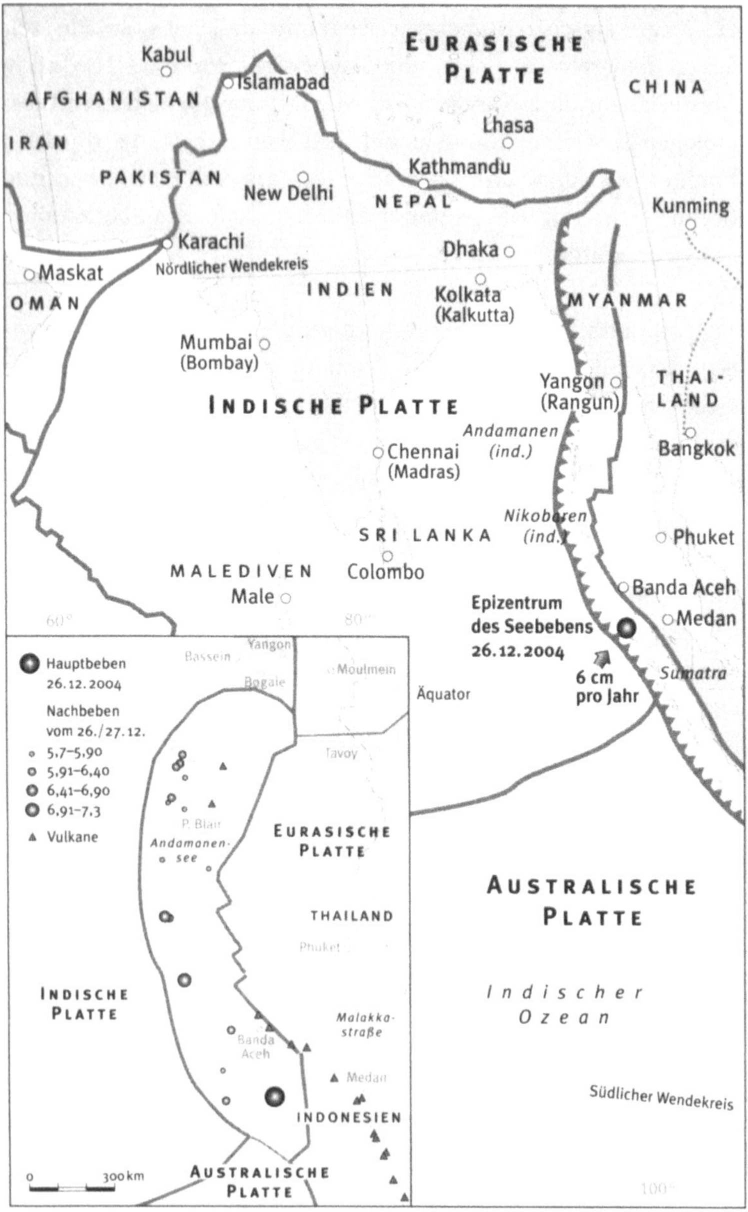

Eurasische Platte
Kabul
Islamabad
Afghanistan
China
Iran
Lhasa
Pakistan
Kathmandu
New Delhi
Nepal
Kunming
Karachi
Dhaka
Maskat
Nördlicher Wendekreis
Oman
Indien
Kolkata (Kalkutta)
Myanmar
Mumbai (Bombay)
Yangon (Rangun)
Thai-land
Indische Platte
Andamanen (ind.)
Chennai (Madras)
Bangkok
Nikobaren (ind.)
Sri Lanka
Phuket
Colombo
Malediven
Male
Banda Aceh
Epizentrum des Seebebens 26.12.2004
Medan
6 cm pro Jahr
Sumatra
Äquator
Hauptbeben 26.12.2004
Nachbeben vom 26./27.12.
5,7–5,90
5,91–6,40
6,41–6,90
6,91–7,3
Vulkane
Andamanen-see
Eurasische Platte
Thailand
Australische Platte
Indische Platte
Indischer Ozean
Malakka-straße
Indonesien
Südlicher Wendekreis
0 300 km
Australische Platte

Das Epizentrum, der genau senkrecht über dem Erdbebenherd liegende Punkt, befindet sich vor der Küste Sumatras, bei 3,3° nördlicher Breite und 95,8° östlicher Länge, rund dreihundert Kilometer von der Nordspitze der Insel und rund tausendfünfhundert Kilometer von Jakarta entfernt (siehe Karte). Auf einer bogenförmigen Strecke von rund tausend Kilometer lösen sich zwei Platten aus ihrer Verkantung, die westlich gelegene Indische Platte schiebt sich unter die der Eurasischen Platte vorgelagere kleinere Burma-Platte. Der Meeresboden sinkt plötzlich um zehn Meter. Dann federt er wieder hoch. Ein Sog nach unten entsteht. An der Meeresoberfläche bilden sich Flutwellen. Sie breiten sich aus, rasen mit ungeheurer Geschwindigkeit in alle Richtungen. Aber nicht so kreisförmig wie die Wellen, die entstehen, wenn man einen Stein in ruhiges Wasser wirft. Da suggerieren die Grafiken, die bald darauf publiziert werden, etwas Falsches. Die Wellen des Tsunami im Indischen Ozean rollen wie zielgerichtet voran. Ihr Lauf wird bestimmt von der Struktur des Meeresbodens, von Inseln und am Ende von der Beschaffenheit der Küste, auf die sie treffen. Thailand, Indien, Indonesien und Sri Lanka liegen gewissermaßen in den Brennpunkten, die Hauptwellen kommen dort mit gebündelter Kraft an. Bangladesch hingegen bleibt verschont, die Sedimentablagerungen im Ganges-Delta können die Wasserwalze bremsen. Auch die Insel Diego Garcia mit dem amerikanischen Luftwaffenstützpunkt kommt davon. Die Malediven, die bekanntlich nur zwei Meter über den Meeresspiegel ragen, werden zwar nicht von der konzentrierten Hauptwelle getroffen, trotzdem aber überflutet.

Ein gewaltiges Faltengebirge erstreckt sich im Westen der Insel und fällt zur Küste hin steil ab. Viele Orte liegen hier in den ungeschützten flachen Buchten. Sie werden vom Tsunami fast vollständig ausgelöscht. Nur die eine oder andere Moschee bleibt stehen, die Gotteshäuser wurden eindeutig stabiler als die Wohnungen der Menschen gebaut.

Unvorstellbare Szenen ereignen sich. Vor der Küste von Aceh, der Provinz im Norden Sumatras, die dem Epizentrum am nächsten liegt, hebt die Welle ein Fischerboot an und schleudert es an Land. Das Boot landet auf dem Dach einer Moschee. Die Fischer steigen unversehrt aus. Sie klettern hinunter, schauen in das Gebetshaus. Sie sehen Dutzende von Leichen. Die Gläubigen sind beim Gebet von der Flut überrascht worden und ertrunken.

In Banda Aceh, der 400 000 Einwohner zählenden Provinzhauptstadt von Aceh, wälzt sich urplötzlich ein schwarzer schlammiger Strom durch die Einkaufsstraßen des Zentrums. Es ist, als würde ein Fluss rückwärts fließen, den Berghang hinauf. In ihm treiben Hunderte, ja Tausende von Toten. Baumstämme, Überreste von Häusern und Bretterbuden, Mopeds und Autos, Tierkadaver und Marktgüter, alles verhakt und verkantet sich ineinander, zerschmettert die Knochen derer, die, im Wasser treibend, vielleicht noch am Leben sind, reißt Wunden in die Körper derer, die sich verzweifelt irgendwo festzuhalten versuchen, Wunden, die sich bald infizieren werden und deren Brand sich nur durch Amputationen noch wird aufhalten lassen. Achtzehn Stunden lang ist die Stadt von der Welt völlig abgeschnitten. Nach dem Rückzug der Wassermassen bedeckt eine dicke Schlammschicht die Straßen und Plätze. Die Leichen beginnen in der tropischen Hitze bereits zu verwesen, als die ersten Helfer eintreffen. Die Flutwellen haben in die Küste neue Buchten gegraben. Eine der Stadt vorgelagerte kleine Insel ist vollständig verschwunden. Und die Verwüstungen reichen weit bis ins Landesinnere hinein. Die Todeszone von Banda Aceh wird auf über vierzig Quadratkilometer geschätzt.

Siedlungen, Dörfer, Städte wie Banda Aceh, die mehr oder weniger nah an der Küste erbaut sind, konnten den Menschen so gut wie keinen Schutz bieten. Und die natürlichen Schutzwälle, die einst an vielen Küsten des tropischen Asien anzufinden waren, die

Dreifachwellenbrecher aus Riffen, Dünen und Mangrovenwäldern, die dem Wasser einen großen Teil der Wucht nehmen können, sind der modernen Zivilisation schon vor Jahren zum Opfer gefallen.

Indonesiens Präsident Susilo Bambang Yudhoyono weilte an diesem Morgen des 26. Dezember 2004 im Osten Sumatras und zwar ausgerechnet bei einer Trauerfeier zu Ehren von elf Opfern eines vergleichsweise harmlosen Bebens, das wenige Wochen zuvor die Region erschüttert hatte. Er überfliegt, wie es heißt, noch am selben Tage Aceh und nimmt das Katastrophengebiet von der Luft aus in Augenschein. Es soll noch eine ganze Woche dauern, bis er die Stadt des Todes und die gemarterte Region aus direkter Nähe inspiziert.

In der Provinz Aceh herrschte – auch das eine Ironie des Schicksals – bereits vor dem Tsunami der Ausnahmezustand. 20 000 indonesische Soldaten sollten hier »kurzen Prozess machen« mit den Kämpfern für ein unabhängiges Aceh. Jetzt, nach der Flut, appelliert der Präsident an die »nationale Solidarität«. Die Militärs werden beordert, erste Hilfe zu leisten. Allem Anschein nach leisten sie sich aber vor allem selbst Hilfe. Immer wieder wird berichtet, Soldaten hätten sich und ihre Angehörigen zuerst in Sicherheit gebracht, hätten dafür sämtliche Fahrzeuge eingesetzt, selbst das schwere Gerät, das nun fehlt, um wenigstens die Hauptstraßen und den Flughafen von Banda Aceh für Hilfslieferungen freizuräumen.

Der Befehlshaber für die Provinz, Generalmajor Endang Suwarya, unternimmt erst am dritten Tag nach der Flut einen Erkundungsflug im Hubschrauber. Dem hartgesottenen Soldaten fehlen die Worte. »Die Zerstörung ist niederschmetternd«, sagt er, um dann militärisch knapp zu quantifizieren: »Fünfundsiebzig Prozent der Westküste und in manchen Orten hundert Prozent.

Die Menschen sind isoliert, und wir werden versuchen ihnen zu helfen.« »Versuchen«: ein kaum verhohlenes Eingeständnis der eigenen Hilflosigkeit angesichts der Dimension der Verwüstung.

Schlimmer noch als über Banda Aceh war die Flutwelle über die weiter südlich gelegene Stadt Meulaboh gekommen. Innerhalb der Provinz Aceh liegt sie dem Epizentrum am nächsten, rund 150 Kilometer vom Ursprungsort der Katastrophe entfernt. Meulaboh blieb tagelang unerreichbar. Aus der Luft ließ sich der Ort erst nach langem Suchen ausmachen, von den Häusern waren allenfalls die Grundmauern zu sehen. Und auch hier war es nur die weiße Moschee mit ihrer grünen Kuppel, die der Flut getrotzt hatte. Meulaboh liegt, genau wie Banda Aceh, an einer flachen Bucht, von der Moschee ist es nur einen Steinwurf bis zum Meer. Keine Frage: In den Tropen ist es angenehmer in Küstennähe zu wohnen. Hier weht häufig eine kühlende Brise, es gibt weniger Insekten und andere Plagen, das flache Land ist leichter zu bebauen. Aber offensichtlich hat das kollektive Gedächtnis bei der Städteplanung nicht weit genug zurückgereicht, um sich daran zu erinnern, was geschehen kann, wenn der Ozean in Aufruhr gerät.

Die in den Nachrichten genannten Opferzahlen überschlugen sich stündlich: 10 000, dann 20 000, dann 30 000 – zwei Tage nach Weihnachten war bereits die Rede von über 50 000 Toten, über ein Drittel der Opfer Kinder.

Als sich die Zahlen unaufhörlich erhöhten und bald – drei Tage nach Weihnachten – allein aus der Provinz Aceh 40 000 Tote gemeldet wurden, kam die berechtigte Frage auf, wie denn die Zählungen überhaupt vorgenommen wurden. Beobachtern zufolge telefonierten die Zentralregierungen der betroffenen Staaten mit den örtlichen Polizeidienststellen, den Krankenhäusern, den

Moscheen und Tempeln und addierten einfach deren völlig vage Zahlen. In Indonesien aber, das am schlimmsten betroffen war, waren selbst solche Auskünfte nicht zu haben. Das Telefonnetz brach zusammen. Staatliche und religiöse Verwaltungseinrichtungen waren zerstört. Auf einer Insel vor der Westküste, die erst Tage nach der Katastrophe erreicht wurde, fanden Helfer den Dorfvorsteher. Er hatte seine gesamte Familie verloren und stand unter Schock, sodass er keinerlei verständliche Angaben machen konnte. In anderen Fällen zählten die Behörden, so gut es ging, die Überlebenden und meldeten den Rest der Bevölkerung als tot. Die Identifizierung der Toten war in Aceh praktisch nicht möglich. In der Provinzhauptstadt sah man, wie Bulldozer mehrmals Tausende von Leichen in Massengräber schoben. Und irgendwo im fernen Jakarta multiplizierte jemand die Zahl der gemeldeten Massengräber mit der Zahl der in ihnen vermuteten Leichen. Das Grauen wird nie genau zu beziffern sein. Lange bevor es hieß, der Tsunami habe rund 300 000 Menschen das Leben gekostet, war dies dem Hilfskoordinator der Vereinten Nationen, Jan Egeland, bereits bewusst: »Wir werden es nie genau wissen.«

Eine Naturkatastrophe, die so viele Todesopfer forderte, hat es auf dem Archipel seit Menschengedenken nicht gegeben. Bei Ausbruch des Vulkans Krakatau in der Sundastraße zwischen Sumatra und Java erfuhr man im Jahr 1883 zum Beispiel durch den kühlen, fünfzeiligen Bericht des englischen Konsuls Alexander Cameron, dass 35 000 Menschen dahingerafft worden seien – was die westliche Welt nicht sonderlich erregte, denn es waren nahezu ausschließlich »Eingeborene«, die ihr Leben verloren hatten. Erst seit neuerem wird erforscht, was 1883 wirklich geschah. Aber das heutige Wissen von dem zerstörerischen Potenzial der Naturgewalt eines Seebebens ist nicht zu den Küstenstädten Sumatras vorgedrungen. Und seit dem Ausbruch des Krakataus hat die Natur hier nicht mehr so schrecklich gewütet. Es leben keine Alten mehr, die von der Bedrohung durch Vulkanausbrüche und Erdstöße, die durch die aufgeputschte See bis in weite Ferne wirken, erzählen könnten. Altes Menschheitswissen ist auch hier verloren gegangen. Niemand auf Sumatra war auf eine Katastrophe von diesen Ausmaßen vorbereitet – und auch sonst niemand in den Anrainerstaaten des Indischen Ozeans.

Das zeigte sich auch in den Reaktionen der Beobachter unmittelbar nach der Katastrophe, Regierungen, Wissenschaftler, Touristikunternehmen, Analysten, Hilfsorganisationen – sie alle verloren wertvolle Stunden, wenn nicht Tage, weil sie zunächst glauben wollten, es handele sich um ein lokal begrenztes Ereignis, ein schlimmes zwar, aber doch nicht um eins von solch weltumspannender Dimension. Das Bewusstsein für die Globalität des Desasters stellte sich erst nach Tagen ein, und dies obwohl die ersten Bilder, Amateurvideos zumeist, praktisch zeitgleich mit den Ereignissen von CNN und BBC ausgestrahlt wurden.

Nur wenige Minuten nachdem die Flut Sumatra erreicht hat, brechen die Wellen über die Küsten der Nikobaren herein. Die Inseln gehören, wie die nördlich gelegenen Andamanen, zu den Regionen der Welt, die nicht nur unter einer geologischen Verwerfung zu leiden haben, sondern auch unter einer politischen. Die Kette der 572 Inseln, von denen nur 36 von Menschen bewohnt sind, liegt, von Indien aus betrachtet, jenseits der Indischen Platte, schon auf dem Gebiet der Eurasischen Platte. Politisch aber sind die Inseln indisches Bundesterritorium. Sie haben nicht die Rechte indischer Bundesstaaten, sondern stehen unter der direkten Verwaltung von Neu-Delhi. Das ist nichts anderes als eine Fortsetzung des Kolonialzustandes mit anderen Mitteln. Hier leben keineswegs nur »Eingeborene«, die Stämme von Naturvölkern aus Afrika und Asien, welche die indische Regierung respektlos als »Primitive« bezeichnet. Hier wohnen vor allem Siedler, Zuwanderer aus allen Teilen Indiens, die hoffen, auf diese Weise der Armut zu entkommen, hier, fern der Heimat, in die Mittelschicht aufsteigen zu können. Und wenn, wie immer wieder berichtet wurde, die »Naturvölker« auf den Inseln die Zeichen deuten und sich bei einer drohenden Flut in Sicherheit bringen konnten – die vom Festland stammenden Kolonisten vermochten es nicht. Auch sie traf der Tsunami ohne Vorwarnung.

Die Atommacht Indien will sich auch von der See her gegen die anderen Mächte in der Region, China und Pakistan, schützen. So wurden elektronische Horch- und Überwachungsposten auf den Inseln installiert, und auf Car Nicobar unterhält die indische Luftwaffe einen wichtigen Stützpunkt.

Von dort geht eine Warnung ein. Es ist 7:30 Uhr indischer Zeit, also gerade etwas mehr als eine Stunde nach dem Beben, da meldet der Außenposten auf Car Nicobar dem für die Inseln zuständigen militärischen Hauptquartier in Chennai, dem vormaligen Madras, es müsse sich ein »massives Beben« in der Nähe ereignet haben. Das bestätigte der Kommandeur der Luftwaffe S. Krishnaswami später der Zeitung *Indian Express.* Der General ergänzte: »Aber die Kommunikation brach zusammen ... die letzte Meldung vom Stützpunkt auf Car Nicobar besagte, die Insel sinke, überall stehe das Wasser.«

Man hätte sich leicht zusammenreimen können, dass die Wellen in weniger als einer Stunde auf das indische Festland treffen mussten. Aber die indische Bürokratie versagt. Es wird kein Alarm geschlagen, die Küsten zu räumen wird nicht einmal in Erwägung gezogen. Nach eigener Darstellung ordnet General Krishnaswami um 8:15 Uhr, also 45 Minuten später an, das Verteidigungsministerium zu informieren. Warum dort nichts geschieht, vermag hinterher niemand zu sagen.

Die Zahl der Flutopfer wird von den Behörden stetig nach oben korrigiert. Mitte Februar 2005 wurde die Gesamtzahl vom Internationalen Roten Kreuz mit mindestens 290 000 Toten angegeben, davon etwa 230 000 in Indonesien, 31 000 in Sri Lanka, 16 400 in Indien und 5 400 in Thailand. Indonesien und Indien haben zu diesem Zeitpunkt auch diejenigen Personen für tot erklärt, die als vermisst gelten.

Die Ausbreitung des Tsunami
CHINA
Nanking
Wuhan
Shanghai
Taipei
Nördlicher Wendekreis
Kunming
Hong Kong
Myanmar
Hanoi
Viangchan
Pazifischer Ozean
Thailand
Manila
Bangkok
VIETNAM
Phnom Penh
Ho Chi Minh
PHILIPPINEN
1 Stunde
Süd-chinesisches Meer
Phuket
Banda Aceh
Malaysia
Medan
Kuala Lumpur
Singapur
.2004
Sumatra
Borneo
Indonesien
Äquator
1 Stunde
Jakarta
Java
Neuguinea
Stunden
Port Moresby
Darwin
Port Hedland
Südlicher Wendekreis
AUSTRALIEN
Brisbane
Perth
100°
120°
140°

Wiederum 39 Minuten später, um 8:54 Uhr setzt der indische Meteorologische Dienst ein Fax ab. Diese zivile Dienststelle hat keinerlei Kontakt zum Militär – und das Fax geht unbegreiflicherweise an Murli Manohar, den *ehemaligen* Wissenschaftsminister, statt an den Amtsinhaber Kapil Sibal. Die Amtsübergabe von Monahar am Sibal hatte bereits im Mai stattgefunden, sieben Monate zuvor.

Ohne den Fehler zu bemerken, schickt das Meteorological Department ein weiteres Fax los. Dieses geht an das Home Ministry, das Innenministerium, angeblich direkt an den Disaster Control Room. Uhrzeit: 9:14.

Um 10:30 Uhr schließlich informiert der Disaster Control Room das Sekretariat des Kabinetts, vier Stunden nach dem Beben und drei Stunden nachdem die Flutwelle über Car Nicobar hinweggerollt ist.

Wie die indonesischen Städte Banda Aceh und Meulaboh, so liegt auch der Stützpunkt der indischen Luftwaffe auf Car Nicobar direkt an der Küste. Die Unterkünfte der Offiziere stehen nahe am Strand, was als Auszeichnung gedacht ist; die Baracken der einfachen Soldaten befinden sich weiter landeinwärts. Ähnliches gilt für die zivile Bevölkerung. Je höher einer gestellt ist, desto näher wohnt er am Meer. Die einheimische Bevölkerung wurde verdrängt, ins Innere, auf andere Inseln. Ein Umstand, der manchen von ihnen vielleicht das Leben gerettet hat.

Es ist nur schwer zu begreifen, dass Indien, eine Atommacht, ein Staat, der zu den Globalisierungsgewinnern zählen wird, dessen Computerexperten die Software für die Spitzenunternehmen der Welt entwickeln, dass dieser Staat offensichtlich nicht in der Lage ist, seinen Bürgern eine Katastrophenwarnung zukommen zu lassen.

Als der Cabinet Secretary, die eigentlich handelnde Exekutive, informiert ist, liegen bereits die Leichen tausender Inder an den geschundenen Küsten im Südosten des Subkontinents. Und es dauert noch einmal zweieinhalb Stunden, bis, um 13:00 Uhr, eine Crisis Management Group zusammentritt – die nur noch reagieren und nichts mehr verhindern kann.

Zunächst aber verkündet der Krisenstab, man werde keine fremde staatliche Hilfe in Anspruch nehmen, Indien könne sich selber helfen. Dies ist einerseits eine verständliche Haltung: Indien will nicht länger als das Armenhaus der Welt gesehen werden. Andererseits verrät diese Großspurigkeit jedoch auch, dass noch immer nicht das Ausmaß der Katastrophe ins Bewusstsein der Menschen gedrungen ist. Die Regierung schickt Hilfe nach Sri Lanka, vergisst aber die Andamanen und Nicobaren. Sie kündigt an, schnellstens ein eigenes Tsunami-Warnsystem zu installieren, muss indes zugeben, dass indische Wissenschaftler das Beben vor Sumatra registriert hatten, es aber ignorierten – weil es sich nicht im eigenen Land ereignet hatte.

Für Indien spielt der internationale Tourismus nur eine unwesentliche Rolle. Anders Thailand, wo er von zentraler Bedeutung ist. Indien wollte sein Image als der zweite aufstrebende Gigant Asiens – nach China – schützen; Thailand wollte seinen Ruf als sicheres Reiseziel wahren. Auch dies Gründe, warum nicht rechtzeitig vor der unmittelbar bevorstehenden Katastrophe gewarnt wurde.

Minuten nach dem Seebeben ist der Meteorologische Dienst Thailands über die gigantische seismische Erschütterung informiert. Noch knapp eine Stunde wird vergehen, bis die Wellen auf die Urlauberparadiese im Süden des Landes treffen. Im Königreich Thailand herrscht keine träge Bürokratie, sondern ein ziemlich effizienter, moderner Staatsapparat. »Tsunami« ist hier zudem kein Fremdwort. Schon vor Jahren sind in den Strandorten des Südens Broschüren verteilt worden, welche die Gefahren schildern, die von diesen Wellen ausgehen. Das bloße Wissen um Tsunamis ist ein Schutz, der Leben retten kann. So war später zu erfahren, dass auf Phuket ein englisches Mädchen mehrere Urlauber warnen und somit retten konnte. Es hatte im Unterricht aufgepasst, als das Naturphänomen durchgenommen wurde, und ahnte, was passieren würde, als sich an dem Morgen das Meer weit zurückzog, ahnte, dass es sich aufbäumen und in kurzer Zeit als eine bis zu dreißig Meter hohe Welle zurückkehren würde.

Thailands Meteorologischer Dienst dürfte die notwendigen Maßnahmen für einen solchen Fall gekannt haben, und es existiert in Thailand die Infrastruktur für Katastrophenwarnungen – besonders in den Touristenzentren. Doch niemand wollte der Warner sein, niemand wollte eine Panik auslösen. Der Meteorologische Dienst wartete auf den letzten unumstößlichen Beweis für einen Tsunami. Als dieser kam, war es bereits zu spät.

Zwar gibt es ein sehr gut funktionierendes länderübergreifendes Warnsystem im Pazifischen Raum, ein Warnsystem, dem Thailand im übrigen längst angeschlossen ist. Aber immer wieder kommt es zu Fehlalarmen. Ein Alarm ist teuer, er ist zeitaufwändig, und wenn zu häufig grundlos evakuiert wird, führt dies zu einem Ermüdungseffekt, die Küstenbewohner nehmen die Warnungen irgendwann nicht mehr ernst. Es muss also in der Tat sehr genau abgewogen werden, ob unmittelbare Gefahr droht oder nicht. So ist es schwer zu sagen, was die Meteorologen in Bangkok daran hinderte, die notwendigen Schritte einzuleiten: Leichtfertigkeit oder übermäßige Vorsicht?

Sumalee Prachuab, eine Seismologin im thailändischen Meteorologischen Dienst, äußerte sich nach der Katastrophe in verschiedenen Interviews genau zu dieser Frage: »Nicht jedes Erdeben in der See löst einen Tsunami aus«, sagte sie, und, »wenn wir eine Warnung über die *Möglichkeit* eines Tsunami ausgeben, werden die Menschen in große Panik geraten.« An anderer Stelle gab sie einen noch deutlicheren Hinweis auf das Dilemma: »Vor fünf Jahren gab das Meteorological Department eine Warnung vor einer möglichen Flutwelle aus, nachdem sich ein Erdbeben in Papua-Neuguinea ereignet hatte. Aber die Tourismusbehörde beschwerte sich, solch eine Warnung würde dem Tourismus schaden.« Damals habe man dann gleichwohl Flugblätter verteilt, für spätere Gelegenheiten. »Wir haben ihnen erklärt, wenn sie beim Schwimmen im Meer ein Beben spüren, sollen sie schnell an Land gehen. Aber vielleicht haben die Thais das vergessen.«

Vergessen, verdrängt, einfach nicht für möglich gehalten? Wahrscheinlich sind alle drei Aspekte zusammengekommen. Den Opfern ist nicht damit geholfen, Schuld bei jenen zu suchen, die vielleicht hätten warnen können. Aber wie sieht es mit den Überlebenden aus?

Kann die Menschheit überhaupt aus solchen Katastrophen lernen? Liegt nicht gerade in der Singularität und in der Dimension einer Katastrophe wie der vom 26. Dezember die Schwierigkeit begründet, allgemeingültige Lehren aus ihr zu ziehen? Die Singularität der Ereignisse veranlasste die Menschen immerhin weltweit zu einer Spendenbereitschaft von bis dahin nicht gekanntem Ausmaß, und Jan Egeland fasste bei einer UN-Konferenz zum Katastrophenschutz im japanischen Kobe drei Wochen nach dem Desaster im Indischen Ozean in Worte, was all die Millionen Spender bewegt haben mochte: »Die beste Ehrung der Toten ist der Schutz der Lebenden.«

Es ist gegen 9:15 Uhr mitteleuropäischer Zeit, also gegen 16:15 Uhr auf Sumatra, gut acht Stunden nach dem Beben, als der Notdienst des deutschen Auswärtigen Amts den Minister in seiner Berliner Privatwohnung anruft. Das Wort »Tsunami« fällt, und Joschka Fischer ahnt Schlimmes, befürchtet nach der ersten Unterrichtung, es könnten am Ende mehr als 10 000 Opfer zu beklagen sein. Das volle Ausmaß des Desasters ist auch für Fischer zu diesem Zeitpunkt noch nicht zu erkennen. Es steht zu vermuten, dass auch deutsche Urlauber der Flutwelle zum Opfer gefallen sind.

Fast zur selben Zeit rollt die Wasserwalze ein letztes Mal auf eine Küste zu, eine lange Küste, die vom Horn von Afrika bis hinunter nach Tansania reicht. In über 5000 Kilometer Entfernung vom Epizentrum tötet sie abermals. Es sind hier einige hundert Opfer, die meisten von ihnen Fischer aus Somalia. Sie kehrten gerade von ihren Fanggründen zurück, als ihre Boote in den flachen Küstengewässern zerschellten. Es war selbst vielen Experten nicht bewusst: Ein Tsunami kann ein ganzes Weltmeer durchpflügen, ohne an Wucht zu verlieren.

Auch Sri Lanka hat dies einige Stunden zuvor auf schreckliche Weise zu spüren bekommen. An der Südwestküste verläuft eine Eisenbahnlinie, die Gleise liegen streckenweise nur dreißig Meter vom Meer entfernt. Dort fährt der Zug *Queen of the Sea*. Er ist, wie immer, hoffnungslos überladen, mehr als tausend Reisende drängen sich in den Waggons. Die Welle hebt den Zug wie eine Spielzeugbahn aus den Gleisen, schleudert die Waggons auf die Felder. Wer nicht zerquetscht oder erschlagen wird, kommt in einer zweiten Welle um, ertrinkt, als die Waggons, aus denen es kein Entrinnen gibt, von den Wassermassen begraben werden.

Joschka Fischer betritt erst gegen 17:00 Uhr MEZ das Krisenreaktionszentrum im Keller des Auswärtigen Amts am Werderschen Markt. Das Team dort ist katastrophenerprobt, es hat Entführungen deutscher Urlauber auf den Philippinen und in der Sahara gemeistert. Doch das »Seebeben Asien 26. 12. 2004« – so die offizielle Bezeichnung im Amt – übertrifft auch für die Mitarbeiterinnen und Mitarbeiter des Zentrums alles bisher Dagewesene. Sie sitzen an zusammengestellten Schreibtischen und in kleinen Telefonboxen. Auf mehreren Dutzend Leitungen kommen Anrufe herein.

Die Menschen wollen wissen, ob es ein Lebenszeichen von ihren Verwandten gibt, ob ein Bruder, eine Schwester, die Eltern, die Kinder wohlauf sind. Doch selbst wenn die Beamten zu diesem Zeitpunkt schon bestätigte Todesnachrichten gehabt hätten, sie hätten sie nicht herausgeben dürfen. Es ist Sache der Landeskriminalämter, diese Nachrichten zu überbringen.

Es vergehen drei Tage, bis Außenminister Joschka Fischer sich am Mittwoch, dem 29. Dezember, genötigt sieht, von einer »nationalen Katastrophe« zu sprechen. Er meint damit Deutschland. Zu diesem Zeitpunkt sind erst 26 deutsche Todesopfer identifiziert, etwa tausend Deutsche werden vermisst. Gerhard Schröder wird geahnt haben, dass für die meisten keine Hoffnung mehr besteht. Der Bundeskanzler sagt, es stehe zu befürchten, die Zahl der deutschen Todesopfer werde »deutlich dreistellig« ausfallen und spricht von »einer der schlimmsten und verheerendsten Naturkatastrophen seit Menschengedenken«.

Manche sprachen in diesen Tagen von einem Leben im Einklang mit der Natur, das allein die Menschen vor einer erneuten Katastrophe dieser Art bewahren könne. Touristen hatten merkwürdige Verhaltensweisen bei Tieren bemerkt und daraus geschlossen, dass der Instinkt sie vor der tödlichen Welle gewarnt habe. Sie berichteten von einem Ausflug in den Yala-Nationalpark auf Sri Lanka am Morgen des 26. Dezember. Normalerweise sind dort überall Affen und Elefanten zu sehen. In einer Lagune zum Indischen Ozean hin wimmelt es nur so von exotischen Vögeln. Und vor den Lodges stellen sich regelmäßig Leoparden ein, weil dort Fleisch ausgelegt wird, um die Raubtiere zum Fressen vor die Kameras zu locken. An diesem Tag aber seien kaum Tiere zu sehen gewesen. Anderswo war zu hören, dass sich Affen rechtzeitig in Sicherheit gebracht hätten, dass auch gezähmte Arbeitselefanten panikartig vom Meer weggetrabt seien. In etlichen Zeitungsberichten tauchte die Beobachtung auf, dass trotz der zerstörerischen Gewalt der Welle nirgendwo die Kadaver von Wildtieren entdeckt worden seien. In all diesen Berichten schien ein Vorwurf mitzuschwingen, ein Vorwurf an eine Menschheit, die sich der Natur entfremdet habe und nun die grausamen Konsequenzen zu tragen habe.

Auch die Fischer in Kota Kuala Muda, einer Ansammlung von Dörfern an der malaysischen Westküste, hatten in den Tagen vor dem Tsunami Seltsames erlebt. Ihre Netze waren voller als je zuvor. »Zehnmal so viel Fische wie sonst«, erzählt Razek Jamaluddin später, »wir glaubten, es sei ein Segen.« Die Fischer freuten sich über den reichen Fang, sahen darin ein gutes Vorzeichen für das kommende Jahr. Bis zum Sonntag, als die See zu kochen schien und die Fische von allein an Land sprangen. Da ahnten die Fischer von Kota Kuala Muda, dass es sich nicht um ein gutes, sondern um ein böses Omen handelte. Als das Wasser sich schließlich hundert Meter zurückzog, um Minuten später wiederzukommen, zu haushohen Wellen aufgetürmt, schlugen die Fischer Alarm. Gerade noch rechtzeitig, sodass sich alle viertausend Menschen von Kota Kuala Muda in die höher gelegenen Gemeindezentren und Schulen retten konnten. Nun sehen sie darin einen Fingerzeig Gottes. Sie haben überlebt, so glauben sie, weil sie im Einklang mit dem Willen des Schöpfers und seiner Natur leben.

Etwas weiter nördlich von Kota Kuala Muda, in Richtung der thailändischen Grenze, fühlen sich die Menschen hingegen von Gott bestraft. Hier, an den Traumstränden von Penang, lebt man alles andere als im Einklang mit der Natur, sondern von den Devisen der Touristen. Zulkifli Majid Rahman arbeitet als Lieferwagenfahrer. Er sah keine Omen wie die Fischer, weder gute noch böse. Es war reiner Zufall, dass er sich noch bei seiner Familie befand, als der Tsunami kam. Obwohl er selbst kaum schwimmen kann, stürzte er sich immer wieder in die Fluten. Er barg seine Frau, eine vierzehnjährige Tochter und das jüngste Kind, ein Baby noch, das er in einer

Wiege aus Tuch in einen Baum band. Ein weiteres seiner Mädchen hauchte das Leben in seinen Armen aus, die Worte »Mutter, Mutter« auf den Lippen. Er hat fünf von seinen sieben Kindern verloren. Zulkiflis Frau, die Haare sittsam unter einem lindgrünen Kopftuch verborgen, nimmt es als Willen Gottes hin. »Allah«, sagt sie, »hat uns das Leben nur geliehen.«

Sie spricht als gläubige Muslimin. Gott gibt und nimmt. Er straft – hart, aber gerecht.

Das aufgeklärte Christentum will solche Ansichten nicht gelten lassen. Der britische Theologe David Hart jedenfalls wetterte nach dem 26. Dezember über »unerträgliche Banalitäten über Gottes Ratschluss« und »blasphemische Andeutungen [...], dass all dies auf geheimnisvolle Weise Gottes Zielen diene«. Der Ratsvorsitzende der Evangelischen Kirche in Deutschland, Wolfgang Huber, gab zu bedenken: »Gottes Allmacht bedeutet nicht, dass Gott alles Böse und Unbegreifliche verhindert.« Bischof Huber sprach nicht von einem strafenden Gott, sondern von einem tröstenden: »Eine andere Zuflucht aus diesem unbegreiflichen Leid als diese weiß ich nicht.«

In der Antike wurde jede Naturkatastrophe als eine Strafe der Götter angesehen. In einer Winternacht 373 v. Chr. bebte im Mittelmeer der Meeresboden, eine Flutwelle verschlang große Küstenstriche, die mächtige Stadt Helike in Achaia, am Golf von Korinth, ging mitsamt dem Tempel des Meeresgottes Poseidon für immer im Meer unter. Vermutlich stimmten damals die Zeitgenossen des Gelehrten Herakleitos mit diesem überein, dass die Katastrophe eine Strafe war, welche der zürnende Meeresgott über die Bewohner von Helike verhängt hatte. Später bekräftigte der griechische Historiker Diodor dies mit dem Argument, dass für Erdbeben und Flutwellen schließlich der in der Gegend um Helike beheimatete Poseidon verantwortlich sei.

Aber auch in der Antike gab es schon naturwissenschaftliche Erklärungsversuche. Der Universalgelehrte Aristoteles verfasste, vierzig Jahre nach der Flut, die Helike verschlang und bei der es sich um einen Tsunami gehandelt haben könnte, eine meteorologische Analyse der Ereignisse: »Wo aber mit dem Erdbeben zugleich eine Überflutung kommt, da ist die Ursache das Widerspiel der Winde.« Keine strafende Götterwelt, sondern zwei natürliche Vorgänge, die auf fatale Weise zusammenwirken.

Im heutigen Europa, wo nur noch wenige Menschen an einen strafenden Gott glauben, sind Naturkatastrophen und Schicksal zweierlei. Für die meisten von uns ist die Gewalt der Natur wissenschaftlich erklärbar, und diese Aufklärung fordert in der Konsequenz nicht mehr und nicht weniger als Szenarien der technischen Vermeidbarkeit und Begrenzung von Risiken. »Man kann mit dieser Katastrophe nur fertig werden«, sagte der Philosoph Gernot Böhme, »wenn man mit dieser Welt nüchtern und vernünftig lebt.«

In diesem Sinne wurde auch die Frage nach der sozialen Gerechtigkeit in der Welt gestellt: Trifft die Katastrophe vor allem die Armen, die Elenden, diejenigen, die von vorneherein benachteiligt sind? Zweifellos sind die Möglichkeiten von Gesellschaften, Katastrophen zu begegnen, ungleich verteilt. Die Überlebenden der Flutkatastrophe in Südostasien werden diese Ungerechtigkeit anprangern, und wenn die Regierungen der Region diesen Stimmen kein Gehör schenken, werden sie Gefahr laufen, selber unterzugehen. Ein funktionierendes Informationssystem und ein effektiver Zivilschutz hätten helfen können, Abertausenden von Menschen das Leben zu retten. In Indien hat man dies verstanden: Sofort nach Bekanntwerden der Katastrophe wurde angekündigt, man werde umgehend ein Tsunami-Warnsystem einrichten. Auch in Thailand, wo der Wiederaufbau sogar Vorrang bekam vor den offiziellen Trauerfeierlichkeiten, war dies eine der ersten Bekanntmachungen der Regierung.

Aber in der globalisierten Welt wird die Frage der sozialen Gerechtigkeit auch den westlichen Industriegesellschaften gestellt werden, ganz gleich wie großzügig sie nach der Katastrophe helfen. Ein Freikaufen, ein Davonstehlen aus der Verantwortung ist nicht möglich. Denn diejenigen, die über die Mittel verfügen, Frühwarnsysteme zu unterhalten, sind zugleich auch diejenigen, die ihre Kulturen leidlich vor Überflutungen zu schützen vermögen, die durch Versicherungen abgesichert sind und deren Gesellschaften über die notwendigen Infrastrukturen des Zivilschutzes gebieten. Es sind zugleich die, deren Energieverbrauch den Meeresspiegel weltweit ansteigen lässt. Die Opfer in Südostasien haben ein Bild von den Industrienationen, das so falsch nicht ist. Sie sehen, dass Naturkatastrophen, die den reichen Westen heimsuchen, auf Bollwerke gewappneter, hochentwickelter Staaten treffen, die ihren Wohlstand und ihr Wissen nur im Notfall und nur ungleich mit der Welt teilen, die Folgekosten hingegen großzügig streuen.

Am Tag nach der Katastrophe geht ein Pressefoto um die Welt. Es wurde in Thailand, nördlich von Phuket, aufgenommen und zeigt die nackte Leiche eines Mannes, die in einem Baum hängt. Es scheint sich um einen Europäer zu handeln. Es sieht so aus, als habe die Flutwelle ihn gekreuzigt. Auch dies ist für viele ein symbolträchtiges Bild. Als hätte eine archaische Macht Rache an einem Eindringling genommen. Während die überlebenden Touristen in ihre Heimatländer zurückfliegen, wo sie, trotz all der schrecklichen Erlebnisse, in der Mehrzahl der Fälle ihr bürgerliches Leben fortsetzen können, sind die Einwohner zum Bleiben gezwungen, sie haben womöglich ihre Existenzgrundlage verloren und sind nun auf die Hilfsorganisationen der Welt angewiesen. Und manchen wird nicht einmal diese Gnade zuteil. In den thailändischen Feriengebieten wurden Plünderer gefasst. Sie gaben sich als Helfer aus, manche trugen sogar Polizeiuniformen. Sie sollen hart bestraft werden. Aber wer sind diese Menschen? Angeblich stammen sie aus Myanmar, dem vormaligen Birma. Sie verdingten sich für einen Dollar am Tag als Hilfsarbeiter auf thailändischen Fischerbooten, leben in illegalen Siedlungen direkt am Wasser. Sie gehören zu dem Ärmsten der Armen. Jeder Thai bekommt für einen verlorenen Angehörigen ein Hilfsgeld von 500 Dollar. Die Burmesen bekommen nichts. Es gibt sie hier offiziell ja gar nicht.

Von dieser sozialen Katastrophe bekommt die westliche Welt nicht viel zu sehen. Was die Menschen der reichen Industrienationen am 26. Dezember und an den folgenden Tagen des Jahres 2004 erreicht, sind Bilder der verheerenden Folgen einer Naturerscheinung, deren Namen viele bis dahin noch nie gehört hatten. Und das Entsetzen rührt auch daher: Wieder einmal wird uns vorgeführt, dass wir die Natur nicht beherrschen, auch wenn wir uns das zuweilen einbilden. Eine schmerzliche Erkenntnis, doch sollten wir darüber nicht eine andere Tatsache vergessen: So schrecklich die Abertausende von Toten sind und so unvorstellbar das Leid für die betroffenen Menschen sein muss – die größten Katastrophen, die Kämpfe, Kriege, die Unterjochung und systematische Vernichtung ganzer Völker, die verantwortet der Mensch immer noch selbst.

Kapitel 2

Tsunami

Ein Tsunami entsteht, wenn eine große Masse an Wasser aus dem Gleichgewicht gebracht wird. Vulkanausbrüche oder Erdrutsche unter wie über Wasser können dies bewirken, Meteoriteneinschläge ebenso wie das Kalben eines Eisbergs. In den meisten Fällen werden Tsunamis aber durch Seebeben ausgelöst. Die dabei entstehenden Flutwellen sind zunächst sehr flach, schwellen kaum über ein paar Meter an. Sie unterscheiden sich allerdings erheblich von den Wellen, die der Wind erzeugt und die wir unter normalen Umständen an Stränden erleben. Vom Wind aufgepeitschte Wellen sind relativ kurz. Große, vom Wind erzeugte Sturmwellen haben etwa eine Länge von 100 bis 200 Metern; sie folgen einander in Abständen von fünf bis zwanzig Sekunden. Tsunamiwellen dagegen können 300 bis 500 Kilometer lang sein, und zwischen ihnen können zehn Minuten oder sogar Stunden liegen.

Tsunamiwellen bewegen sich extrem schnell und extrem weit, weil sie kaum an Energie verlieren. Der Energieverlust ist umgekehrt proportional zur Wellenlänge: Je länger eine Welle ist, desto weniger Kraft verliert sie. Im Pazifischen Ozean, der im Durchschnitt etwa 4000 Meter tief ist, bewegt sich eine Tsunamiwelle mit einer Geschwindigkeit von 200 Meter pro Sekunde – das sind mehr als 700 Kilometer pro Stunde, fast so schnell wie ein Düsenflugzeug.

Je tiefer der Ozean, desto schneller der Tsunami. Bei einer Wassertiefe von 6100 Metern rast die Welle mit einer Geschwindigkeit von 890 Kilometer pro Stunde voran. Indes: Man darf sich die Welle nicht losgelöst vom Ozean vorstellen, nicht denken, da rolle ein Wasserkörper über eine Ebene. Vielmehr drückt Molekül gegen Molekül, Wasser verdrängt Wasser, sodass die Oberfläche nach oben und zur Seite gedrückt wird. Das Meer will wieder sein Gleichgewicht erlangen.

Tsunamiwellen krümmen sich auch anders als Sturmwellen, nämlich schon lange, bevor sie auf Land treffen. Das hat etwas mit der Beschaffenheit des Meeresbodens zu tun. Die Unebenheiten des Meeresbodens lassen die verschiedenen Segmente der Tsunamiwelle unterschiedlich schnell reisen.

Wenn ein Tsunami flaches Küstengewässer erreicht, verändert er seine Gestalt dramatisch. Er verliert zwar an Energie und Geschwindigkeit, doch wächst die Welle jetzt in die Höhe. Von ursprünglich 30 Zentimetern kann sie sich zu einer 30 Meter hohen Wasserwand auftürmen. An der Küste erzeugt sie mitunter eine raschere Abfolge von Ebbe und Flut. Die Welle kann sich teilen, in eine Reihe großer Brecher, oder sie bäumt sich tatsächlich zu einer einzigen, haushohen Flutwelle auf. Ihr Einfallswinkel spielt eine Rolle, je nachdem, wie sie eine Zone durchläuft, in der sich die Meerestiefe ändert. Riffe, Buchten, Flussmündungen, vorgelagerte Sandbänke, das Gefälle des Strandes – alles wirkt sich auf Form und Höhe der Welle aus. Manche brechen weit draußen; andere überspülen flache Küsten und schießen Hunderte von Metern landeinwärts.

Das Weihnachtsbeben von 2004 mit seinen verheerenden Auswirkungen hat eine geologische Vorgeschichte von rund 140 Millionen Jahren. Gegen Ende des Mesozoikums brach auf der Südhalbkugel der Erde der Superkontinent Gondwana auseinander. Ein riesiger Teil davon, die Indisch-Australische Erdplatte, setzte sich in Richtung Norden in Bewegung, verschob sich auf dem Erdmantel. Die Platte besteht aus dem Meeresboden und den beiden Kontinenten Indien und Australien. Sie bewegt sich unendlich langsam. 120 Millionen Jahre später, also vor 20 Millionen Jahren, kollidiert Indien mit Eurasien. Als Folge des Aufpralls zweier Kontinentalplatten türmt sich das Himalajagebirge auf. Auch die schwere ozeanische Erdkruste der Indisch-Australischen Platte stößt gegen Eurasien und schiebt sich wegen ihrer höheren Dichte unter diesen Kontinent. Mit zunehmender Tiefe entwässert sich die ozeanische Platte, das Wasser steigt als Fluid in das darüber liegende Gestein und destabilisiert die kontinentale Platte. Mit Hochdruck schießt nun das glühende Erdmantelmaterial durch die feste Oberfläche, kühlt im Wasser ab und türmt sich dabei Lage für Lage zu Bergen auf, die eines Tage über die Wasseroberfläche hinausragen. So entsteht die Vulkankette Indonesiens.

Das indonesische Archipel bildet ziemlich genau die Form der abtauchenden Erdplatte nach, die entsprechend der Kugelform der Erde gewölbt ist. Das Meer ist vor solchen Inselbögen über der abwärts geneigten ozeanischen Erdkruste besonders tief. Zwischen den Tiefseerinnen und den Vulkanen der Inselkette bilden sich hohe Unterseeberge. Wenn hier Tsunamis entstehen, werden die Wellen schon nahe ihrem Ursprungsort in unterschiedliche Richtungen gelenkt.

Kein Tsunami gleicht dem anderen. Jeder hat einen anderen Auslöser und nimmt einen anderen Verlauf. Doch es gibt Gemeinsamkeiten, vor allem bei den verheerenden Folgen. Vor über hundert Jahren, im Sommer 1883, als der Vulkan Krakatau ausbrach und einen Tsunami auslöste, galt das Ereignis für lange Zeit als die größte Naturkatastrophe in der Menschheitsgeschichte.

Krakatau, Rakata oder Krakatoa – die Insel liegt auf dem sechsten südlichen Breitengrad, zwischen Java und Sumatra. Die Einheimischen auf diesen großen Inseln misstrauen der kleinen Vulkaninsel. Der böse Geist Orang Aljeh hause dort. Die holländischen Kolonialherren aber hielten den grün überwucherten Vulkan, der zuletzt im 17. Jahrhundert aktiv gewesen war, für erloschen. Schiffe auf dem Weg durch die Sundastraße fuhren in nächster Nähe vorbei, die Kapitäne hatten keine Angst vor einem Ausbruch.

Am 20. Mai jenes Jahres nahm auf der deutschen Korvette *Elisabeth* der Kommandant gerade die Sonntagsparade ab. Unter den auf dem Achterdeck versammelten Offizieren machte sich trotz der gewohnten Disziplin eine gewisse Unruhe breit. Es ist der nahe Krakatau, der die Aufmerksamkeit der Männer auf sich lenkt. Das Tagebuch des Marinepfarrers Heims erzählt, weshalb:

»Die Gläser und Kieker hier und die Köpfe dort wendeten sich einmütig über die Reeling und der verlassenen Gegend zu, in der die Küstenumrisse von Sumatra und Java schon mit der kleinen Insel Krakatoa fast zusammenliefen: Dort gerade stieg, wenigstens 17 Seemeilen von uns ab, bis zum halben Zenith, eine enorme glänzend weiße Dampfsäule mit reißender Schnelligkeit auf, in kurzer Frist die kolossale Höhe von nach vorgenommener Messung nicht unter elftausend Metern erreichend, und in fast schneeiger Helle von dem klaren, blauen Himmel sich abhebend, in sich gerundet und geringelt, vergleichbar mit einem riesigen Blumenkohlkopf, nur dass hier alles großartige Bewegung von imposantester Wirkung war; aus den einzelnen dicht aneinander gedrängten Dampfballen quollen und wallten, beständig durch den ungeheuren Druck von unten getrieben, neue wirbelnde Massen nach oben und seitwärts hervor in majestätischen Rollen. Allmählich mischten sich dunklere Farben in die weißschimmernde Helle der Wasserdämpfe, bis nach und nach eine breite blaugraue Wand, gleich einer mächtigen finsteren, fächerförmigen Gewitterwolke, oben breit, unten schmäler, Alles überdeckte und weit über den Himmel sich hinausbreitete. Wir waren eben Zeugen eines gewaltigen vulkanischen Ausbruchs gewesen, der auf der erwähnten, 2600 Fuß hohen Insel Krakatoa stattgefunden.«

Die Indisch-Australische Plattenformation schiebt sich jedes Jahr rund sechs Zentimeter voran. Sie taucht dabei unter die Eurasische Platte, verhakt sich mit dem eurasischen Kontinent. Man spricht hier von einer Subduktionszone und meint damit das Gebiet, in dem eine Erdplatte unter eine andere sinkt. Dabei entsteht ein enormer Druck. Irgendwann wird er zu groß, das Gestein bricht schlagartig, die Platten schnellen in einem Ruck vor. Millionen Tonnen Gestein werden in Bruchteilen von Sekunden mehrere Meter gegeneinander verschoben (siehe Grafik).

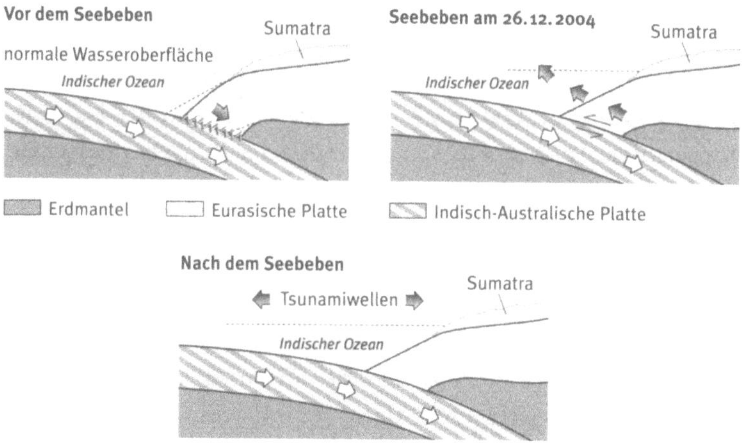

Am Sonntag, dem 26. Dezember 2004, löste sich vor Sumatra ungefähr sechs Kilometer unter dem Meeresboden ein Plattensporn besonders heftig. Das Beben bewirkte eine Kettenreaktion. Binnen einer Minute setzte sich auf einer Länge von 1200 Kilometern nach Norden die Indisch-Australische Erdplatte in Bewegung und löste viele weitere Beben aus.

Innerhalb von Sekunden senkte sich der Untergrund vor Sumatra auf einer Strecke von rund tausend Kilometern um zehn Meter.

Das höchste Tsunami-Risiko besteht in den Subduktionszonen der Erde: Dort, wo sich die ozeanische Gesteinskruste unter einen Kontinent schiebt und steil ins Erdinnere abtaucht. Solche Zonen gibt es rings um den Pazifik. Aber auch durch das Mittelmeer, von Sizilien bis zur Türkei, verlaufen solche Subduktionszonen. Da sich die Afrikanische Platte nach Norden unter die Europäische Platte schiebt, können im Mittelmeer ebenso wie im Atlantik Seebeben entstehen und Tsunamis ausgelöst werden.

Pfarrer Heims notierte weiter: »Am nächsten Morgen, den 21. Mai, bot S.M. Corvette, die vierundzwanzig Stunden vorher so tadellos blank und sauber ausgesehen, einen sonderbaren Anblick: Sah genau wie ein Müllerschiff oder richtiger wie eine schwimmende Cementfabrik aus. Außenbords war Alles: Schiffswand, Torpedolancirrohr, Wanten, Parduns, die ganze Takelage bis in die Toppen hinauf dick und lückenlos gleichfarbig mit dem graulichen, haftenden Staube belegt. Gedämpft klang der Tritt der Leute auf dem weichen Staube, und sie selbst sahen aus, als wären sie ehrbare Müllergesellen, so gepudert und geschminkt ging Alles einher. Beim ersten Blick auf diese Metamorphose des Schiffes überkam einen ein geradezu winterlicher Eindruck. Über all diesen Ascheregendesastra wölbte sich der Himmel wie eine große Glocke aus recht mattem Milchglas, in der die Sonne wie eine hellblaue Kugellampe hing.«

Auch andere hatten den überraschenden Ausbruch des Krakatau beobachtet. Ein Matrose eines anderen Schiffs hatte Meerwasser aufgeholt, fand seinen Eimer aber gefüllt mit kleinen grauen Bimssteinteilchen. Eine chemische Analyse hätte einen hohen

Anteil an Kieselsäure nachgewiesen. Wären diese Vorzeichen gesehen worden, dann hätte vielleicht eine Warnung ausgegeben werden können. Mit zunehmendem Säuregehalt wächst die Explosionsgefahr von Magma. Auf wieder einem anderen Schiff, der *Loudon*, machte ein Passagier namens M. Hamburg eine Fotografie von dem Ausbruch. Die Aufnahme lässt Rückschlüsse auf die Ausmaße der Katastrophe zu, die sich drei Monate später ereignen würde. Die Insel hat zu dieser Zeit noch drei Vulkankegel und misst vermutlich etwa 33,5 Quadratkilometer. Bald wird sie nur noch einen Kegel haben und nur noch ein Drittel so groß sein, 10,5 Quadratkilometer, und wird aus vier kleinen, qualmenden Inseln bestehen.

Tsunamis sind in allen Weltmeeren registriert worden, wenn sie auch nicht immer als solche erkannt wurden, am häufigsten hat man sie aber im Pazifik erlebt. Bis zu der Katastrophe im Indischen Ozean waren die meisten Laien und viele Wissenschaftler überzeugt, Tsunamis würden sich *nur* im Pazifik ereignen. Das größte Weltmeer ist umringt von Bögen vulkanischer Inseln, von Gebirgsketten und Subduktionszonen, die Forscher sprechen von einem regelrechten »Feuerring«. Der Pazifik ist nicht nur das größte der Weltmeere, sondern auch das geologisch aktivste Gebiet unseres Planeten. Ein Tsunami kann hier 10 000 Kilometer zurücklegen, ohne seine mörderische Kraft zu verlieren. Allerdings löst auch hier nicht jedes Seebeben automatisch einen Tsunami aus. Am berüchtigten San-Andreas-Graben in Kalifornien, wo sich die Erde immer wieder kräftig schüttelt, droht von der See keine Gefahr, denn die Gesteinspakete verschieben sich hier nur seitlich gegeneinander.

Der 26. August 1883 war ein Sonntag, wolkenlos, heiß und stickig. Über dem Krakatau stieg am frühen Morgen lediglich eine dünne

Rauchfahne auf, nichts, was die Menschen beunruhigt hätte, doch wenig später an diesem Morgen brach unvermittelt die Hölle los.

Donner, Feuerblitze, Dampfwolken. Von der vierzig Kilometer entfernten Küste aus wirkt auch dies zunächst noch wenig bedrohlich. Doch dann steigt das Wasser. Pegelunterschiede von bis zu zehn Fuß, gut drei Meter, werden alle Viertelstunde gemessen. Boote werden an den Strand geworfen. Tiere werden unruhig. Einheimische versammeln sich zum Gebet. Sie sind Muslime und viele glauben, Allah schicke ihnen ein Strafgericht, weil sie die Herrschaft der weißen Holländer hingenommen haben. Oder richtet sich der Zorn Gottes gegen die Kolonialherren selbst? Tatsächlich war der Ausbruch des Krakatau auch der Anfang vom Ende der Kolonialherrschaft.

Gegen Mittag flüchten die Anwohner der Lampung-Bucht auf Sumatra in die Berge. Ahnten sie, dass eine Flutwelle kommen würde? Doch auch die Flucht in höher gelegene Gebiete nützte nichts, viele Menschen verbrannten in der Glut, die alsbald herabregnete.

Auch in Batavia, dem heutigen Jakarta, macht sich Unruhe breit. Donner grollt in der Ferne. Aber es sind keine Wolken am Himmel aufgezogen.

Gegen 14 Uhr speit der Vulkan glühende Gase aus. Das Ventil ist endgültig gesprengt. Ein Lava-Gas-Gemisch schießt 34 Kilometer in den Himmel. Der Kapitän des Handelsschiffs *Medea* misst die Wolke aus 150 Kilometern Entfernung. Selbst sein Schiff wird noch von dem Ausbruch erschüttert, nicht von der Wasserwelle, sondern von der Druckwelle.

In Batavia werden Telegramme abgesetzt. Spätestens am nächsten Tag ist die Weltöffentlichkeit über den Ausbruch des Krakatau informiert. Dabei steht das Schlimmste erst noch bevor.

Von 14 Uhr an kommt es alle zehn Minuten zu Eruptionen. Der Lärm ist noch tausend Kilometer entfernt zu hören. Der Himmel verdunkelt sich, es regnet Bimsstein. Eines von mehreren Seebeben erschüttert den Untergrund. Eine zwei Meter hohe Flutwelle wirft im Hafen von Anyar Schiffe gegen eine Zugbrücke. Plötzlich senkt sich eine totale Finsternis über den Ort.

Gegen 20 Uhr schlägt eine Welle gegen den Amtssitz des holländischen Verwalters Beyerinck in Katimbang auf Sumatra. Er bereitet die Flucht vor, lässt seiner Familie im höher gelegenen Wohnhaus mitteilen, sie solle packen und sich auf den Weg machen. Eine neue Welle reißt das Amtsgebäude und Teile des Wohnhauses weg. Frau Beyerinck hat schriftlich festgehalten, was ihr ein Diener zuschrie: »Der Seegeist kommt. Das Meer ist weg. Ich habe die Korallenbänke gesehen, und man sieht sie nie, auch nicht bei der tiefsten Ebbe.«

Irgendwann in der Nacht muss sich das Glutreservoir unter dem Vulkan erschöpft haben. Ein Hohlraum bildet sich, die Felswände stürzen nach innen. Erneut baut sich Druck auf. Andere Teile rutschen ins Meer ab und ziehen kleinere Tsunamiwellen nach sich.

Gegen 10 Uhr früh am nächsten Tag kommt der große Knall. Gut 28 Quadratkilometer Inselland brechen weg, alle drei Vulkankegel fallen. Das Donnern ist noch in Manila zu hören und selbst im 4000 Kilometer entfernten Brisbane in Australien.

Zwei unhörbare Luftdruckwellen umkreisen den Globus mehrmals, eine mit und eine gegen die Erdumdrehung. Sie werden noch sechs Tage später in Europa anhand von Druckausschlägen der Barographen gemessen.

Eine Staubwolke von ungeheuren Ausmaßen steigt auf. Sie wird zunächst einen Monat lang im subtropischen Bereich hängen bleiben, dann in die nördlichen Hemisphäre wandern.

Erst mit dem vollständigen Einsturz des Krakatau aber kommt es zur eigentlichen Katastrophe. Der unter dem Krakatau entstandene Hohlraum erzeugt einen gewaltigen Sog, dann kehrt das

Wasser um, die Wellen bauen sich auf. Anscheinend sind es vier, sie rasen auf die nahen Küsten zu. Die größte bäumt sich zu einer Höhe von 36 Metern auf. Die Stadt Penimbang verschwindet im Wasser, die Flut dringt bis zu 16 Kilometer ins Landesinnere vor. 35 000 Menschen finden den Tod.

Es war nicht das letzte Mal, dass der Krakatau aktiv war. 1927 regte sich der Vulkan wieder. Zunächst nur unter dem Meeresspiegel. Im Kern des Kraterkessels wuchs ein neuer Vulkan, im Januar 1928 trat er an die Oberfläche. Heute ragt der Berg über 500 Meter aus dem Meer heraus. Die Einheimischen nennen ihn Anak Krakatau, Sohn des Krakatau. Manche fürchten ihn wie den Vater.

Nicht jeder Tsunami hat die Dimensionen, die die Flutwellen von 1883 und vom 26. Dezember 2004 angenommen haben. Die durchschnittliche Wellenhöhe eines Tsunamis vor der Küste beträgt etwa zehn Meter. Am 24. April 1971 wurde nahe der japanischen Insel Ishigaki aber ein Tsunami im flachen Gelände mit einer Höhe von 85 Metern beobachtet. Läuft eine Welle durch einen Fjord, dann kann sie sogar auf über 500 Meter Höhe anwachsen, wie in Alaska gemessen wurde. Solche Mega-Tsunamis entstehen jedoch nicht durch die Fernwirkung eines Seebebens, sondern durch Erdrutsche in den Fjorden selbst, welche diese zum Überlaufen bringen. Anders im offenen Meer: Aufgrund ihres ständigen Bodenkontaktes werden Tsunamis von Unterwassergebirgen abgelenkt und steuern geradezu zielgerichtet immer wieder dieselben Orte an. Die Stadt Hilo auf Hawaii ist so eine »Wellenfalle«. Immer wieder wurde Hilo von Tsunamis zerstört. Nachbarorte blieben dagegen von den Wellen verschont, sie liegen im Wellenschatten.

Ausgerechnet dort, wo Menschen ihre Städte und Häfen bauen, donnert die Flut mit besonderer Wucht heran. Der Begriff »Tsunami« kommt aus dem Japanischen und bedeutet übersetzt »Große Welle im Hafen«. Der scheinbar poetische Name für die berüchtigten Riesenwellen geht zurück auf die Erfahrungen, die japanische Fischer gemacht hatten. Während sie auf hoher See waren, hatten sie keine größeren Wellen bemerkt, bei ihrer Rückkehr in den Heimathafen fanden sie jedoch ihre Dörfer und Felder von Riesenwellen verwüstet vor.

Keine Küste ist vor einem Tsunami sicher – auch nicht die unserer Urlaubsziele am Mittelmeer. 1956 haben Brecher, ausgelöst durch Erdstöße, auf den griechischen Inseln Amorgos, Kreta, Patmos und Milos schwere Schäden angerichtet. Wahrscheinlich war es auch ein Tsunami, der etwa 1500 v. Chr. die minoische Kultur auf Kreta untergehen ließ. Die Explosion des Vulkans Santorin hatte das Meer aufgewühlt.

Im November 1755 wurde der Atlantik heimgesucht: Nach dem schweren Erdbeben von Lissabon, das Kleist zu seiner Erzählung *Das Erdbeben in Chili* inspirierte, türmte sich das Wasser bis zu zehn Meter hoch auf. 165 Städte und Dörfer wurden damals zerstört, 132 schwer in Mitleidenschaft gezogen. Das Erdbeben von Lissabon löste bei den Menschen in Europa seinerzeit einen heftigen Schock aus. Zweifel machten sich breit, Zweifel an dem Gedanken der Aufklärung, dass mit bloßer Vernunft die Welt zu beherrschen sei, aber auch Zweifel an einem gütigen Gott. Johann Wolfgang Goethe sah die sinnlose Tötungswut der Natur, als er schrieb: »Gott, der Schöpfer und Erhalter Himmels und der Erden, hatte sich, indem er die Gerechten mit den Ungerechten gleichem Verderben preisgab, keineswegs väterlich bewiesen.«

Der Ausbruch des Krakatau 1883, der immerhin etwa halb so viel Opfer forderte wie das Erdbeben von Lissabon, erregt weit weniger Anteilnahme in der Welt. Zwar verbreitet sich die Nachricht dank der interkontinentalen Telegrafie viel schneller als das Ereignis hundertdreißig Jahre früher. Aber der Ort des Geschehens ist weit entfernt, die Journalisten wissen die Katastrophe nicht einzuordnen, Europa blickt ohnehin nur herablassend auf die

»Wilden« im fernen Asien. Die *Kölnische Zeitung*, damals Deutschlands angesehenstes Blatt, berichtet auf Seite 2 kurz und knapp: »Auf der vulcanischen Insel Krakatoa in der Sundastraße haben in der vergangenen Nacht furchtbare Erdausbrüche stattgefunden. Die Feuererscheinungen waren in Batavia sichtbar. Serang ist vollständig in Dunkelheit eingehüllt, aus den Kratern ausgeworfene Steine sind dort niedergefallen. Auch in Batavia herrschte fortwährend vollständige Finsternis und alle Gaslaternen waren gestern abend verlöscht. Der Verkehr mit Anjer ist unterbrochen und man hegt Befürchtungen für diesen Ort.«

Berichte wie der vom Tod des jüngsten Kindes der Frau Beyenrinck, von den »Allah il Allah«-Rufen der Einheimischen, von der Tatsache, dass die Unterdrückten den Kolonisatoren nicht zu helfen bereit waren – ein europäischer Flüchtling berichtete: »Sie verweigerten uns Essen und Hilfe, so dass etliche Frauen vor Erschöpfung niedersanken und starben« –, solche Berichte trafen erst sehr viel später in Europa ein. Sie deuteten auf die gewaltigen sozialen Folgen der Tragödie. Die Nachwirkungen dieses politischen Bebens, die Folgen der antikolonialen Aufstände, sind bis heute nicht überwunden.

Erdrutsche vom Ausmaß der Krakatau-Katastrophe sind singuläre Erscheinungen wie die Katastrophe vom 26. Dezember 2004, was zur Folge hat, dass die Wissenschaftler diese Phänomene bis vor wenigen Jahren kaum erforschten. Erst nach dem Flankenkollaps des Mount St. Helen 1980 in den USA wurden sie auf diese Gefahr aufmerksam. Bei den Untersuchungen, die daraufhin angestellt wurden, fanden sich viele Schuttfächer auf dem Meeresgrund, die Reste gewaltiger Flankenabbrüche. Der größte bedeckt eine Fläche von der Größe Hessens. Hawaii und die Kanarischen Inseln erwiesen sich plötzlich als besonders kollapsgefährdet. Diese Vulkaninseln wachsen sehr schnell, deshalb sind ihre Flanken brüchig, können leicht abrutschen. Vor ungefähr 185 000 Jahren brach ein Teil des Teide auf Teneriffa heraus, wobei Dutzende Kubikkilometer Schutt ins Meer stürzten.

Die Angst vor dem todbringenden Wasser ist so alt wie die Menschheit. In den Schöpfungsmythen der Ägypter, Sumerer und Babylonier wird das Wasser als Ursprung gedacht und trägt als solcher furchterregende und zerstörerische Züge in sich. In Form des Meeres erscheint das Wasser unbeherrschbar, als werde es von zürnenden Gottheiten regiert. Aufklärung und wissenschaftlich-technischer Fortschritt erkennen zwar keine Gottheit mehr an, sondern lediglich tektonische Verschiebungen und Druckverhältnisse. Die archaische Bedeutung der Flut aber besteht bis heute fort. Viele Mythen entstanden in der Folge tatsächlicher Naturkatastrophen, und Wissenschaftler bemühen sich heute, die wahren Begebenheiten hinter den alten Geschichten aufzudecken. Die biblische Geschichte von der Arche Noah beispielsweise soll auf eine Flut zurückgehen, die sich vor etwa 8000 Jahren im Schwarzen Meer ereignete. Das Meer schien damals ein Süßwassersee gewesen zu sein, dessen Pegel unter dem des Mittelmeers lag. Plötzlich stieg der Pegel rapide an. Tatsächlich finden sich hundert Meter unter dem heutigen Meeresspiegel Überreste von Fauna und Flora, die dies nahe legen. Aber heißt es in der Bibel nicht, dass es vierzig Tage und vierzig Nächte geregnet habe? Gewiss. Doch ein solcher Dauerregen hätte natürlich nie ausgereicht, um den Anstieg des Meeres zu bewirken. Es müssen sich vielmehr ungeheure Wassermassen von der Ägäis in das Schwarze Meer ergossen haben. Aber wie ist das Wasser durch den Bosporus gedrungen?

Unter Wissenschaftlern gilt heute als erwiesen, dass der Süßwassersee etwa 50 bis 150 Meter unter dem Niveau des Marmarameers lag, jener letzten Ausbuchtung der Ägäis, an der Istanbul liegt und die die Grenze Europas und Asiens markiert. Nicht erwiesen, aber sehr plausibel ist die Erklärung, dass in einer Periode der Erwärmung schmelzende Gletscher das Niveau des Marmarameers beständig anhoben, bis es sich in den nördlichen See ergießen konnten. Computersimulationen haben gezeigt, dass eine solche Flut weit länger gedauert haben muss als vierzig Tage. Wenn 60 000 Kubikmeter Wasser pro Sekunde in das Schwarze Meer geflossen wären – zwanzigmal so viel wie die Niagara-Fälle in derselben Zeit hinabrauschen –, dann hätte es 33 Jahre gedauert, bis sich die Wasserstände von Marmarameer und Schwarzem Meer angeglichen hätten. Eine einzige tsunamiartige Welle war es auf keinen Fall. Aber auch ein langsamer Prozess hatte den von den Menschen befürchteten Effekt: Ihr Lebensraum wurde Jahr für Jahr mehr überflutet.

Die Angst vor einer alles verschlingenden Flut ist eine der menschlichen Urängste. An die sechshundert Sintflutsagen aus allen Teilen der Welt sind gezählt worden. Die Ur-Sage findet sich im sumerischen Epos von Gilgamesch, des Königs von Uruk, und seiner Schilderung der großen Flut. Das Gilgamesch-Epos gilt als einer der ältesten Texte der Menschheit. Die Sintflutschilderung der Bibel ist ihm in weiten Teilen nachempfunden.

»Lass mich dir, Gilgamesh«, sagt Ut-napishti, König von Shuruppak, der als einziger die Sintflut überlebte, »ein Mysterium enthüllen; dir will ich ein Geheimnis der Götter verraten. Shuruppak ist eine Stadt, die du gut kennst, sie liegt an den Ufern des Flusses Euphrat: die Stadt war schon alt – die Götter waren gern dort gewesen –, als es den großen Göttern in den Sinn kam, die Sintflut zu schicken.« Azteken, Mayas, Inder, Chinesen, Südseebewohner, Russen, Kelten, Skandinavier – fast jedes Volk hat seine Sintflutsage. Viele Kulturen haben ihren Noah, der in einer Art Arche der Inundation entkommt. Die Fluten wurden gesandt von Gott »Hurakan« (Hurrikan) oder Zeus, vom alttestamentarischen Gott oder Gott Enlil im Gilgamesch-Epos.

»Vom Himmel ist die Herrschaft der Priesterkönige auf die Erde gekommen, als die Flut darübergegangen war.« Dieser Vorspann der so genannten sumerischen Königsliste enthält den ältesten Mythos über den Beginn der Hochkultur. Fast fünftausend Jahre vergingen, bis europäische Archäologen nachweisen konnten, dass die ältesten Tempelbezirke dieser Kultur in Ur tatsächlich auf den Ablagerungen einer früheren Flut stehen. Der Forscher Leonard Woolley und seine arabischen Hilfskräfte wurden in einer Tiefe von 15,70 Meter fündig: Unter einer dicken Schlickschicht lag eine Siedlung der Jungsteinzeit, in der bereits Kupfer geschmiedet, Siegel geschnitten und Keramiken farbig glasiert worden waren.

Woolley verkündete daraufhin am 16. März 1929 in der Londoner *Times*, er habe das Geheimnis der Sintflut gelüftet. Er datierte sie auf 3000 v. Chr. Konkurrenten taten seine Forschung als Scharlatanerie ab. Gleichwohl wurde die Schlickschicht aus Ur seitdem immer wieder untersucht. Sie besteht nicht aus den Schwebeteilchen, wie sie im Wasser des Schatt el-Arab zu finden sind, und auch nicht aus herbeigewehtem Wüstensand. Der Schwemmsand liegt auch nicht feingeschichtet, wie es als Folge regelmäßiger Hochwasser der Fall wäre. Es scheint, als sei er auf einmal aufgeschüttet worden. Doch die Forscher wollen keinen Zusammenhang zwischen Flutmythen und Siltschichten sehen.

Erst als Ende der siebziger Jahre die Theorie über den Untergang der Dinosaurier als Folge von Meteoriteneinschlägen aufkommt, wird die Frage gestellt, ob solche Einschläge aus dem All auch noch in der Bronzezeit Verwüstung angerichtet haben könnten. Und tatsächlich verzeichnen Geowissenschaftler rund um den Globus zehn große Einschlagfelder von Meteoriten, Gebiete mit einem Durchmesser von bis zu dreißig Kilometern. Die Einschläge werden auf die Zeit von 3500 bis 2500 v. Chr. datiert. Das ist die Zeit, in der nach Woolley die Schlickschichten von Ur entstanden sind.

Bekanntlich ist der größte Teil des Erdballs von Wasser bedeckt. Es ist daher anzunehmen, dass in den Weltmeeren weit mehr als zehn Meteoriten niedergegangen sind. Die Folgen, die diese Einschläge hatten, werden erst seit einigen Jahren genauer erforscht. Doch mit Sicherheit zählten zu diesen Folgen auch Flutwellen – Tsunamis.

Kapitel 3

Schicksale

Salama Klathalay dürfte ungefähr sechzig Jahre alt sein – sein genaues Alter kennt er nicht. Auch der Begriff »Tsunami« ist ihm unbekannt. Er spricht von einer »Welle, die Menschen frisst«. Der weißhaarige Salama ist der Häuptling der Moken, einem Stamm von vielleicht zweihundert Menschen, die auf den südlichen Surin-Inseln leben, 65 Kilometer vor der Küste Thailands.

Die Moken haben den Tsunami am zweiten Weihnachtstag fast ohne Verluste überlebt. Und das obwohl sich ihr Dorf, eine Ansammlung palmengedeckter Hütten auf Stelzen, direkt am Strand befand.

Die Moken leben vom Fischfang. Früher zogen sie mit Hausbooten die Hälfte des Jahres im Andamanischen Meer umher, zwischen Birma und Thailand. Seit einigen Jahrzehnten sind sie sesshaft, bleiben auf den Surin-Inseln. Einige von ihnen setzen gelegentlich zum Festland über, wo sie Seegurken und andere Früchte des Meeres verkaufen. Manche der Jüngeren bleiben auf dem Festland, suchen sich dort Arbeit. Aber es sind nicht viele, sagt Salama, »sie können sich nicht daran gewöhnen«.

Ein paar Tausend »chao ley«, »Wassermenschen«, wie die Thai sie nennen, bevölkern noch die Andamanküste und die ihr vorgelagerten Inseln. Sie sind die Letzten, die sich der modernen Zivilisation und dem Hedonismus des nahen Phuket verweigern.

Berühmt sind sie für ihre Fähigkeit, unter Wasser zu sehen.

Wissenschaftler haben dieses Phänomen immer wieder untersucht. Die Moken haben aber auch eine Art sechsten Sinn für das Meer, kennen seine Geheimnisse besser als die Thais vom Festland, ganz zu schweigen von den Touristen, die auf die Surin-Inseln kommen.

Sie sind das, was die westliche Kultur »Animisten« genannt hat, sie glauben, die See, die Inseln, die ganze Natur sei belebt von Geistern, mit denen sie durch Totempfähle kommunizieren.

Salama, der Häuptling, erzählt, er habe von den Alten gelernt, dass eine menschenfressende Welle im Anmarsch sei, wenn das Meer sich ganz schnell, ganz weit zurückziehe. So war es an jenem Morgen. »Ich habe noch nie einen so niedrigen Wasserstand gesehen«, sagt er. Und er warnte sein Volk.

Als die Mörderwelle kam, rannten die Moken schon zu den Hügeln, zogen die Alten mit sich, trugen die Kleinkinder auf den Rücken.

Einer blieb zurück. Ein alter behinderter Mann, er hat es nicht schnell genug geschafft. Er ertrank. Doch er war das einzige Opfer, welches die Moken zu beklagen hatten.

Nach der Flut wurden die Moken in Booten auf das Festland gebracht, fanden Unterschlupf in einem buddhistischen Tempel. Zehn Tage harrten sie dort aus. Dann kehrten sie zurück auf ihre Insel. Mit gespendeten Bambusstäben und Palmenwedeln bauten sie ihr Dorf wieder auf.

Früher waren sie den Behörden ein Dorn im Auge. Ihnen wurde vorgeworfen, dass sie beim Fischfang und der Nahrungssuche keine Rücksicht auf die Umwelt nähmen: ein Naturvolk als Frevler. Nach ihrer gelungenen Flucht vor der Riesenwelle änderte sich das. Nun waren Helden: ein Naturvolk als Lebensretter.

Die thailändischen Medien wurden nicht müde, von dem Wunder auf den Surin-Inseln zu berichten. Die Politiker in Bangkok wollen nun alles tun, um die Lebensweise der Moken zu schützen und das über die Generationen weitergereichte Naturwissen zu erhalten.

Die Hoteliers auf Phuket werden sich die Lebensweisheit der Moken nicht zu eigen machen. Und sie dürften auch nicht mit Häuptling Salama einer Meinung sein, wenn der darüber spekuliert, warum die menschenfressende Welle überhaupt kam. Salama sagt: »Wir haben nichts Schlimmes getan. Aber vielleicht andere. Die Welle hat das Schlechte fortgespült.«

Ari Afrizal arbeitete am Morgen des 26. Dezember auf einer Baustelle in der indonesischen Provinz Aceh, nahe der Küste. Die Flutwelle riss ihn und seine Kollegen mit sich fort und zog die Männer ins offene Meer hinaus. Sie klammerten sich an Treibholz fest. Eine Weile noch waren sie zu fünft. Aber neue Wellen rissen sie auseinander. Der zweiundzwanzigjährige Ari Afrizal war jetzt allein – und sollte es für die nächsten zwei Wochen bleiben.

Am fünften Tag sah er das Floß eines Fischers. Er kletterte hinauf, glaubte, er sei gerettet. Doch auf dem mit einer Hütte ausgestatteten Floß war keine Menschenseele. Ari fand immerhin einige Wasserflaschen und ernährte sich von Kokosnüssen, die im Meer trieben. Immer wieder sah er Schiffe. Keines aber bemerkte sein Floß. Am zweiten Sonntag nach Weihnachten nahm das Schicksal eine Wende. Ari war inzwischen schon zweihundert Seemeilen von der Küste Sumatras fortgetrieben worden. Das Hamburger Containerschiff *Al Yamamah*, auf Fahrt von Oman nach Malaysia, entdeckte das Floß. Der junge Mann wurde an Bord genommen. Er war in erstaunlich guter Verfassung. Als er tags drauf in der malayischen Hafenstadt Port Pelang von Bord ging, sagte er, seine Gebete seien erhört worden.

Das Haus von Poorima Jayaratne in Hambantona auf Sri Lanka steht noch. Die vier Häuser ihrer Nachbarn sind fast vollständig zerstört. Die Dreißigjährige hatte Glück im Unglück: Ihre Familie überlebte. Sie weiß auch weshalb: Sie sind – anders als ihre Nachbarn – Buddhisten. »Die meisten, die Verwandte verloren«, sagt Poorima Jayaratne, »sind Muslime.«

Din Syamsuddin, ein muslimischer Prediger und stellvertretender Ortsvorsteher von Muhammadiyah in Aceh, glaubt, die Menschen in der am härtesten getroffenen Provinz hätten die Tragödie als von Gott gesandt akzeptiert, sie sei eine Prüfung ihrer Glaubensfestigkeit. Naturkatastrophen wie der Tsunami seien ein Hinweis darauf, dass die Menschen den Pfad der Tugend verlassen hätten. »Wir glauben an diese Prüfung«, sagt er, »und wir nehmen sie leidenschaftlich und demütig an.« Wohlgemerkt: Dies sei nur eine Prüfung gewesen – die eigentliche Strafe werde noch kommen, wenn die Menschen nicht an Gott glaubten. Nur durch gute Taten und eine kritische Selbstbetrachtung könne der Mensch sein Verhältnis zu Gott wieder ins Lot bringen: »Wiederaufbau heißt zurück in die Mitte des Lebens zu kehren, die Gott ist.«

Karin Svaerd trug an diesem Tag einen weißen Bikini. Die blonde Schwedin machte Urlaub in Krabi, Thailand. Sie war auf einem Foto zu sehen, das um die Welt ging. Das Bemerkenswerte an diesem Bild: In der Ferne ist die herantobende Welle zu erkennen; die Siebenunddreißigjährige läuft auf das Ungetüm zu; die anderen Menschen am Strand schauen von der Welle weg, sie scheinen sie gar nicht zu bemerken. Unter ihnen befinden sich ihre drei Söhne Anton, 14, Filip, 11, und Viktor, 10. Karin Svaerd will sie retten. Andere Urlauber hörten, wie sie rief: »Oh, mein Gott, nicht meine Kinder.« Sie selber erzählt später der schwedischen Zeitung *Expressen*, sie habe ihren Söhnen zugerufen, sie sollten wegrennen: »Aber sie konnten mich nicht hören.«

Sie aber nahm wahr, wie andere Flüchtende ihr zuschrien: »Weg vom Strand!« Der britischen *News of the World* sagt sie: »Ich musste versuchen, meine Kinder zu retten. Nichts hätte mich aufhalten können.«

Sie überlebte den Tsunami, hielt sich an einer Palme fest, als Welle auf Welle folgte und den Ray-Leh-Strand überflutete. Sie sah ihre Söhne untergehen, sah wie ihr Mann Lars und ihr Bruder Per in der tobenden Gischt verschwanden. Sie selber wurde vom Wasser von der Palme weggerissen und auf einen höher gelegenen Teil des Strands getragen.

Nach zehn Minuten entdeckte sie ihre ganze Familie wieder, verletzt, aber am Leben. Am 30. Dezember kehrte Karin Svaerd nach Schweden heim, wo sie erstmals das Foto vom Schicksalsmoment sah.

Jakob Hasso, ein Deutscher, verbringt vier Monate des Jahres in Hikkadawu auf Sri Lanka. Er hatte ein Konto bei der Bank of Ceylon. Seit zehn Jahren. »Viel war nicht darauf, aber ich brauche es jetzt, sonst wird mein Geld schnell wertlos.« Aber die Bank sagte ihm, das Wasser habe zahllose Akten zerstört, und über ein Konto auf seinen Namen fehlten leider alle Angaben. Es dauerte mehrere Tage, bis man alte Kopien von Kontoauszügen des Deutschen ausfindig machen konnte.

Für die einheimische Mittelschicht ist der Verlust aller Dokumente ein weitaus größeres Problem. Nicht nur auf Sri Lanka, überall in der betroffenen Region stehen die Überlebenden vor der aufwändigen Aufgabe, ihre Identität wiederherzustellen. In den hochentwickelten Nationen Amerikas und Europas ist es relativ einfach, Dokumente neu ausstellen zu lassen, Unterlagen wieder zusammenzutragen. Nahezu alles ist in Computern gespeichert. Nicht so in der Krisenregion Asiens. Hier regiert noch immer das Papier. Geburtsurkunden, Heiratsurkunden, Grundbucheinträge, Geschäftszulassungen – jeder, der aus der Klasse der Besitzlosen aufgestiegen ist, braucht Unmengen von Dokumenten, deren Gültigkeit von Stempeln und Wertmarken abhängt. Es herrscht ein kompliziertes, ineffizientes Verwaltungssystem, besonders in Indien und Sri Lanka: eine Hinterlassenschaft der britischen Bürokratie, die nur im Ansatz, in den größten Städten, modernisiert – sprich: digitalisiert – worden ist.

In Hikkaduwa, dem Touristenstädtchen an der Westküste der Insel, ist dem Beamten K. Ramachandra eine ganz besondere Aufgabe zugeteilt worden: Er trocknet Dokumente. In seinem Büro hat er die Papiere, die eine Identität ausmachen, ausgebreitet. An der Decke wirbeln Ventilatoren, doch sie werden nicht viel nutzen. »Das meiste ist nicht mehr zu retten«, sagt Ramachandra. Selbst wenn die Papiere trocknen, sind doch die handschriftlichen Einträge nicht mehr lesbar. In einem Abstellraum stapeln sich unleserliche Geburtsurkunden zwei Meter hoch.

Nebenan bilden sich Menschenschlangen, um den Verlust von Unterlagen zu melden. Und damit kommt ein weiteres Problem auf die Behörden zu: Welche Ansprüche sind gerechtfertigt, welche nicht? Katastrophen eröffnen auch immer die Chance zum Betrug. Wie soll man sicher sein, wenn es keine schriftlichen Unterlagen mehr gibt, ob ein bestimmtes Auto, ob ein Grundstück tatsächlich dem gehört, der es beansprucht – oder doch jemand anderem, jemandem, der vielleicht vermisst wird?

Subadthra Abaywardana steht nach der Flutkatastrophe ohne Papiere da. Sie hatte Glück, ihr Haus blieb stehen, als die Welle fast alle Häuser in ihrem Viertel zerstörte, jene Welle, die auch den Zug *Queen of the Sea* aus den Schienen hob. Aber alles, was sie besaß, wurde aus dem Haus gespült: Schmuck ebenso wie Geburtsurkunden und das Sparbuch.

Auch die Polizei blieb nicht verschont: In der Dienststelle von Hikkadawu sind sämtliche Akten vernichtet. Nun fehlen den Beamten die schriftlichen Geständnisse, die Aufzeichnungen von

Zeugenaussagen und die Prozessunterlagen, die sie brauchten, um Verbrecher zu überführen. Es gibt weder Durchschläge noch Sicherheitskopien in einem Computer.

Das deutsche Mädchen ist acht Jahre alt. Es hat immer gern am Wasser gespielt. Bis zu diesem Thailandurlaub über Weihnachten. Sein Vater und sein Bruder wurden von der Flutwelle mitgerissen, das Kind musste es mit ansehen. Seine Mutter war einkaufen, als die Welle kam. Sie überlebte, flog zurück nach Deutschland, nicht wissend, wer von ihrer Familie das Unglück überstanden hatte.

So blieb die Achtjährige allein zurück in dem fernen Land, bis Hilfskräfte sie in ein Flugzeug nach Deutschland setzten, wo die Mutter ihr wohlbehaltenes Kind in die Arme nehmen konnte.

Schnell wurde klar, dass das Mädchen schwer traumatisiert war. Es sah den Schnee, der auf dem Heimatflughafen trieb, als gefrorenes Wasser, und Wasser machte ihm nun entsetzliche Angst. Zu Hause fing es an zu schreien, wenn es nur das Rauschen der Toilettenspülung hörte. Und wenn es malte, dann nur Wellen, gewaltige Wellen.

Ein anderes deutsches Kind, ein fünfjähriges Mädchen, wurde mutterseelenallein auf dem Flughafen von Phuket von Helfern des Arbeiter-Samariter-Bundes aufgefunden. Ihm war nicht anzumerken, ob es womöglich unter Schock stand. Seine Angehörigen waren nicht aufzufinden, sie galten als vermisst. Aber die Kleine konnte ihren Namen sagen. Die Helfer fanden darauf die Großmutter in München, schickten das Kind in einer Maschine der Bundeswehr zurück nach Deutschland. Das Mädchen hatte sichtlich Spaß, als die Piloten es ins Cockpit nahmen. Manche Kinder verhalten sich trotz eines schweren Schocks zunächst völlig normal. Doch die Symptome können Jahre später zum Vorschein kommen. Viel hängt davon ab, ob sie in ihrem neuen Leben Liebe und Geborgenheit finden.

Die Kinder europäischer Urlauber, die nach Hause fliegen konnten, haben gute Chancen, diese Liebe und Geborgenheit zu finden. Selbst in den schlimmsten Fällen bleibt ein Funke Hoffung für sie.

Für die Kinder in der Krisenregion sieht es da schlechter aus. Von Abertausend Waisenkindern sprach Unicef im Januar 2005. Bei vielen von ihnen waren die schweren seelischen Störungen sogleich zu sehen. So wurden in einem Lager im südindischen Nagapattinam mehrere Kinder bemerkt, die rückwärts liefen, um das Meer nicht sehen zu müssen. Und den Kindern drohen nicht nur lebenslange psychische Probleme. Wo so viele Kinder zu Waisen oder zumindest von ihren Familien getrennt werden, tummeln sich Menschenhändler, die ihre Opfer in Bordelle und so genannte Sweatshops verkaufen. In Aceh wurde angeordnet, dass Kinder nicht adoptiert werden und die Provinz nur in Begleitung von Erwachsenen verlassen dürfen, die sich als Familienmitglieder ausweisen können. Ähnlich in Thailand und anderswo.

Der kriminelle Kinderhandel ist ein Geschäft, bei dem weltweit jährlich über 12 Milliarden Dollar umgesetzt werden. Es wurden nach dem 26. Dezember überraschend wenige Fälle aus der Krisenregion gemeldet. War die Tragödie so überwältigend, dass die ansonsten korrupten Behörden nun nicht mehr wegschauten?

Azman bin Anuar ist Sozialarbeiter bei den Republic of Singapore Armed Forces, den Streitkräften der kleinen Inselrepublik auf der anderen Seite der Straße von Malakka. Das wohlhabende Singapur, das selbst nicht vom Tsunami getroffen wurde, hat sofort geholfen, hat insbesondere seinem südlichen Nachbarn Indonesien Militärhubschrauber und Schiffe geschickt. Bin Anuar wurde in Meulaboh in der Provinz Aceh tätig, jener Stadt nahe dem Epizentrum, in der drei Viertel der Einwohner zu Opfern der Flut wurden – ihr Leben ließen oder alles Hab und Gut verloren.

In einer halbwegs intakten Schule wurden, bald nachdem der Unterricht wieder aufgenommen war, Transparente aufgehängt. »Ich bin genauso wie vorher«, steht auf einem. »Ich lerne weiter, lerne viel für meine Zukunft«, auf einem anderen. »Ich bin nicht immer traurig, denn das Unglück war von Gott gewollt.«

Bin Anuar sagt, so drückten sich eben die Angehörigen einer Kultur aus, die schwere Schicksalsschläge gewohnt, die sehr gläubig ist und in der die Familienbande stark sind. Beratung und Therapie seien hier vorerst fehl am Platz. Vorerst. Denn, so prophezeit er, es sei nur eine Frage der Zeit, bis die Verdrängungsfähigkeit und die Entschlossenheit weiterzumachen nachlassen.

Dass dann Therapie nötig wird, glaubt anscheinend sogar das Militär. Oberst Geerhan Lantra, zuständig für Meulaboh, jedenfalls hat sich beschwert, dass zu viele Chirurgen und zu wenige Psychologen von den Hilfsorganisationen geschickt worden seien.

Thanaranjani ist 28 Jahre alt, sie sagt, sie habe ihre vierjährige Tochter nicht losgelassen und die siebenjährige andere Tochter nicht schnell genug wegschicken können. Bamini ist 29, sagt, sie habe ihre sechsjährige Tochter und ihren sechs Monate alten Sohn nur für fünf Minuten alleine gelassen. Jansia ist 26, sagt, sie habe geglaubt, dass ihre dreijährige Tochter auf ihrer Schulter sicher sei. Doch die Kinder sind tot.

Die drei Frauen aus einem Ort im Nordosten Sri Lankas werden von Schuldgefühlen gequält, die ihnen keiner nehmen kann. Sie klagen sich selber an, sagen, sie hätten versagt, hätten falsch entschieden, hätten gar nicht von zu Hause weggehen dürfen. Aber auch die Nachbarn beschuldigen sie. Thanaranjani zum Beispiel wurde vorgehalten, sie hätte doch wenigstens eins ihrer beiden Mädchen retten können.

Sie sah die Welle, hob die Kleine hoch, schob die Große aus der Tür: »Lauf, lauf!« Nach wenigen Schritten wurden sie von der

Welle erfasst. Ihr Mann fand die beiden Mädchen tot im Sand begraben, seine Frau, die mit knapper Not überlebte, konnte er in ein Krankenhaus bringen.

Als Bamini von ihrer Erledigung zurückkam, konnte sie nur noch hilflos zusehen, wie ihr Haus überspült wurde und die beiden Kinder ertranken.

Jansia hob ihre kleinere Tochter auf die Schulter, hob dann die größere auf ein niedriges Dach. Eine zweite Welle entriss ihr die Kleine.

Vier tote Kinder von vielleicht zehntausend in Sri Lanka und hunderttausend in der Region.

Thanaranjanis Mann, ein Fischer, der zur Zeit des Unglücks aber auf einer Baustelle arbeitete, spricht von den »psychologischen Folgen«, die der Verlust nach sich ziehen wird.

Bisher waren Worte wie »Depression« auf der Insel unbekannt. Patienten klagten vielleicht über Schmerzen, über Schlaflosigkeit. Das Volk von zwanzig Millionen hat nicht einmal dreißig Psychiater, nicht genug, um nur die normalen Fälle psychischer Erkrankungen zu behandeln. Und von diesen wenigen Psychiatern spricht kaum einer Tamil, die Sprache des am schlimmsten betroffenen Nordostens.

Athula Sumathipala, der die Regierungsstelle für psychologische Hilfe leitet, meint denn auch, es sei besser die vorhandenen Mechanismen zur Überwindung der Probleme zu stärken, als Beratung aufzudrängen. Auch er setzt auf Familienbande, Religion und Dorfärzte. Hilfe von außen, welche die Kultur und die Traditionen des Landes ignoriert, meint der Psychologe, wäre nutzlos, wenn nicht gar schädlich.

Die namenlosen Wanderarbeiter aus Myanmar, die von der thailändischen Polizei drei Tage nach dem Tsunami wegen Plünderns festgenommen wurden, sollen, so Phukets Polizeichef Generalmajor Suwit Othong, mit der vollen Härte des Gesetzes bestraft werden. Sie werden mit Sicherheit zur Höchststrafe verurteilt.

In Indonesien gar sieht das Gesetzbuch vor, dass Verbrechen, die während eines Krieges oder einer Naturkatastrophe begangen werden – und Seebeben werden ausdrücklich dazugezählt –, mit der siebenfachen Strafe zu ahnden sind.

Aber in Banda Aceh leben jetzt viele davon, dass sie Schrott aufsammeln und verkaufen, Schrott im weitesten Sinn – alles, was nicht niet- und nagelfest ist. Plündern sie, oder nehmen sie nur Sachen, die niemandem mehr gehören? Der hiesige Polizeichef, Kapitän Afrizal, ist milder als sein Kollege auf Phuket. Er sagt, er würde niemanden verhaften, der nur eine Lampe aus einem Haus oder einen Motorradreifen stiehlt.

Ein Schrotthändler in Banda Aceh, der vor der Katastrophe etwa hundert Kilo am Tag aufkaufte, heute Schrottsammlern bis zu vier Tonnen abnimmt, macht sich über Fragen des Eigentums wenig Gedanken. Seine Regel lautet: »Wenn jemand sagt, es gehört ihm, dann nehme ich es.«

Die Thailänderin Siriwan Phakphin leitete einen ganz besonderen Suchtrupp, der auch dort noch helfen konnte, wo menschliche Kräfte bereits versagt hatten. Frau Phakphin hatte sich mit einem Team auf der Suche nach Überlebenden und Leichen in den Dschungel hinter dem Strand von Khao Lak begeben. Khao Lak ist der Badeort in der thailändischen Provinz Phang Nga, in der die meisten Opfer zu beklagen waren: Über viertausend von den gut fünftausend Toten in Thailand wurden hier gefunden. Bei etwa der Hälfte der Toten und Vermissten dürfte es sich um Ausländer handeln. Die Suchmannschaft hatte versucht, einzelne Leichen zwei Kilometer durch den Urwald zu tragen, musste aber bald erkennen, dass dies aufgrund des unwegsamen Geländes und der Hitze praktisch unmöglich war.

Da holte Siriwan Phakpin die Elefanten aus dem Ayutthaya Elephant Palace, vier an der Zahl. Der kleine Tierpark ist nach der ehemaligen Hauptstadt Thailands benannt. Die Elefanten aus dem Zoo erwiesen sich nun als besonders fähige Helfer. Sie konnten nicht nur die Menschen, lebende wie tote, mühelos durch das Dickicht tragen, sondern sie fanden auch dort noch Leichen, wo bereits Suchmannschaften mit Hunden durchgegangen waren.

Ben Nadarajan, ein Reporter der singapurischen *Straits Times*, war wenige Tage nach dem Tsunami mit der Fotografin Joyce Fang auf Sri Lanka unterwegs. Er sah, wie Helfer Wasser verteilten. Es waren Inder. Sie warfen die Literflaschen aus ihren Militärhubschraubern ab, und nach jeder einzelnen Flasche streckten sich zehn Paar Hände aus. Er sah, wie in dem Durcheinander einmal eine der Plastikflaschen zu Boden fiel und zerbarst. Ein Kind stürzte sich darauf, leckte die Reste des Nass von den scharfen Steinen auf, auf denen die Flasche geplatzt war.

In Galle, der südlichen Provinzhauptstadt, gab es keinerlei Trinkwasser mehr zu kaufen. Erst in einer Ortschaft fast hundert Kilometer entfernt von dem Katastrophengebiet entdeckten der Reporter und die Fotografin ein Geschäft, in dem Wasser verkauft wurde. Die Inhaberin verlangte 50 Rupien für die Flasche, das Fünffache des normalen Preises, umgerechnet etwa 2 Euro – ein kleines Vermögen.

Sie fand nichts dabei, Ben Nadarajan zu erzählen, warum sie den Preis derart erhöht hatte: »Bisher war Coca-Cola das beliebteste Getränk an einem heißen Tag. Jetzt ist es Wasser. Wir nehmen immer den höchsten Preis für das, was am meisten verlangt wird.«

In Colombo gab am selben Tag Sri Lankas größte Brauerei, die Lion Brewery, bekannt, dass sie wegen der Verunreinigungsgefahr kein Bier mehr abfüllen, dafür aber versuchen wolle, sauberes Trinkwasser auszugeben.

Nadajaran und Fang kauften ein paar Flaschen Wasser.

Zurück in Unatuna Beach in Galle machte ein Restaurantbesitzer sie auf die grausige Ironie des Schicksals aufmerksam: »Vor ein paar Tagen starben die Menschen, weil es zu viel Wasser gab, jetzt sterben die Menschen, weil es zu wenig Wasser gibt.«

Nadarajan und Fang trafen wenig später auf ein paar Kinder, die halb verdurstet am Straßenrand hockten. Sie gaben ihnen zwei der gekauften Flaschen. Die Kinder wollten nicht glauben, dass ihnen jemand etwas schenkte. Sie zögerten, knieten sich schließlich vor die Reporter, verbeugten sich bis zum Boden, nahmen endlich an, tranken in Riesenschlucken.

Dann kam endlich der Regen, und die Kinder fingen ihn mit ihren leeren Flaschen auf.

Kapitel 4

Hilfe

Tu Gutes und sprich darüber! Das gilt auch bei der Katastrophenhilfe. Die USA haben das stets besser verstanden als andere Nationen. Nach dem Beben vom 26. Dezember waren die Amerikaner die Ersten, die im großen Stil Hilfsgüter verteilten. Jedenfalls schien es so. Tatsächlich waren überall in der Krisenregion Ärzteteams, Techniker, staatliche und regierungsunabhängige Organisationen unterwegs. Französische Militärmaschinen flogen binnen achtundvierzig Stunden Hilfsgüter aus Afrika ein. Aber diese Einsätze wirkten nicht annähernd so imposant wie der Flottenverband, den die US-Navy in den letzten Dezembertagen ausschickte.

Es hatte sich schon bald gezeigt, dass das schiere Ausmaß der Katastrophe zu vielleicht unüberwindbaren logistischen Problemen führen würde. Dies galt besonders in der indonesischen Provinz Aceh, im Norden Sumatras, wo die meisten Opfer zu beklagen waren. John Budd, der Unicef-Direktor in Jakarta, brachte die, wie er es nannte, »brutale Ausweglosigkeit« der ersten Tage auf den Punkt: »Keine Lebensmittel, kein Brennmaterial, und selbst wenn wir Reis hinschaffen können, dann fehlt das Wasser, um ihn zu kochen.«

Damit war klar: Allein im Rahmen einer generalstabsmäßig organisierten Aktion würde eine effektive Hilfeleistung möglich sein – und nur das Militär hat die Mittel für eine solche Riesenanstrengung. Die Entsendung des US-amerikanischen Flottenverbands war insofern eine folgerichtige Maßnahme, vor allem da Indonesien anscheinend weder willens noch in der Lage war, sich selbst zu helfen. Präsident Susilo Bambang Yudhoyono, ein ehemaliger General, ließ jedenfalls jede Art von Entschlossenheit vermissen. Er ließ seinen Generalstab keine Einheiten von anderen Provinzen abziehen, und die anwesenden Streitkräfte in der Region waren nach Augenzeugenberichten vor allem damit beschäftigt, sich selbst in Sicherheit zu bringen. Dass der Präsident Tage brauchte, bis er sich persönlich ins Katastrophengebiet begab, passt ins Bild.

Auch von den unmittelbaren Nachbarn der von der Flutwelle betroffenen Staaten kam zunächst wenig Hilfe. China wollte einen einzelnen Mann nach Sri Lanka schicken, der die Sicherheitslage erkunden sollte. Angesichts der Dimension der Zerstörung wurde jedoch bald umdisponiert. China, die sechstgrößte Wirtschaftsmacht der Welt, will eine Führungsrolle spielen in der Region. Und so stockte auch Beijing seine Hilfszusagen auf, verkündete am Neujahrswochenende, den Gegenwert von 62 Millionen Dollar bereitzustellen. So viel hatte China noch nie für eine internationale Hilfsaktion zugesagt. Es dauerte dann aber noch eine Weile, bis ein erstes, fünfunddreißigköpfiges chinesisches Ärzteteam nach Indonesien entsandt wurde.

Rasche militärische Hilfe blieb zunächst aus. Selbst die *Straits Times*, das staatstragende Organ des Mini-Staates Singapur und nicht gerade dafür bekannt, Kritik anzumelden, fragte unverblümt: »Soldaten sind entsprechend ausgebildet und haben die nötige Ausrüstung. Warum rücken sie nicht aus?« Es war diese Zeitung, die als Erste die Hoffnungen auf die Vereinigten Staaten lenkte: »In der Tragödie liegt die Chance für die USA.« Die Amerikaner, so war aus Singapur zu hören, sollten die gesamte Hilfsaktion koordinieren und am besten auch gleich noch ein Tsunami-Warnsystem einrichten.

So blickten nun alle auf die US-Navy, die zwanzig Schlacht- und Versorgungsschiffe an die Westküste Sumatras entsandte. Die Amerikaner stellten einmal mehr ihre einzigartige Fähigkeit unter Beweis, in kürzester Frist eine Luft- und Seebrücke aufzubauen. Bald waren die ersten Bilder von amerikanischen Hubschraubern zu sehen, deren Mannschaften Wasserflaschen und Lebensmittel abwarfen über Gebieten, in die noch kein ziviler Helfer und noch keine andere Streitmacht vorgedrungen waren. Und dass man dies in aller Welt sah, verdankte sich der im Irak-Krieg erprobten Methode der Militärs, Pressefotografen direkt in ihre Einsätze einzubinden – »embedded journalism«.

Doch als die Marinepiloten von ihren ersten Versorgungsflügen zurückkehrten, konnten auch sie nur mit Grauen berichten, wie aussichtslos die Lage war. Auf dem Flughafen von Banda Aceh war es zu langen Verzögerungen gekommen, weil die Entourage des endlich eingetroffenen indonesischen Präsidenten die amerikanischen Helikopter beim Beladen behinderte. In den betroffenen Gebieten kam es zu gefährlichen Tumulten. Die Menschen in den bis dahin von der Außenwelt abgeschnittenen Regionen bestürmten die amerikanischen Hubschrauber. Die Soldaten mussten sich mit aller Macht gegen die Türen stemmen. »Sie hätten sonst den Helikopter auseinandergenommen«, berichtete ein Pilot, »sie kamen von allen Seiten.«

Sehr schnell kann in einer solchen Lage der »embedded journalism« zu einem PR-Desaster führen. Ein falsches Bild – ein sich zur Wehr setzender Soldat, ein verletzter Einheimischer –, und dem ohnehin lädierten Image des US-amerikanischen Militärs wäre weiterer Schaden zugefügt. Dieses Image aufzupolieren aber war das große Anliegen von George W. Bush, als er nach anfänglichem Zögern auf seiner Ranch in Texas beschloss, mit der Entsendung der Navy die größte militärische Hilfsaktion in der Geschichte der Vereinigten Staaten einzuleiten. Die finanzielle

Hilfe von ursprünglich 15 Millionen stockte er schon bald auf 35 Millionen, dann sogar auf 350 Millionen Dollar auf.

Weniger Beachtung in der Öffentlichkeit fand die Tatsache, dass die größte militärische Hilfsaktion der Vereinigten Staaten nicht annähernd so effizient war, wie die beeindruckenden Zahlen und Fakten vermuten lassen. Ein schwimmender Flughafen wie die Abraham Lincoln ist denkbar ungeeignet für einen humanitären Hilfseinsatz. Siebzehn kleine Hubschrauber und ein Lazarett mit vierzig Pflegern und Ärzten befanden sich auf dem Schiff – das ist angesichts der Dimension der Katastrophe herzlich wenig. Und es dauerte sechs Tage, bis der Flottenverband mit dem Flugzeugträger vor der Küste Sumatras vor Anker gehen konnte.

Die Marine setzte insgesamt vierzig Helikopter in der Gegend um Banda Aceh ein. Über 9000 Soldaten waren dafür im Einsatz – mit Kriegsgerät im Wert von 7 Milliarden Dollar. Craig Hopper, Absolvent der Harvard University School of Public Health, erläuterte dazu im *Boston Globe* – und in einem Wiederabdruck in der *International Herald Tribune* –, dass die drei Amphibienboote, die in einer späteren Gruppe dem Flugzeugträgerverband folgten, mit ihren dreiundzwanzig schweren Transporthubschraubern und ihren Landungsbooten viel effizienter Wasser, Lebensmittel und Medizin in die abgeschnittenen Gebiete gebracht hatten. »Irgendetwas ist da schief gelaufen. Und das dürfte Rumsfeld in seiner Meinung bestärken, dass die Vereinigten Staaten geeigneteres Gerät brauchen, um in der strategisch kritischen Küstenregion Macht auszuüben.« Hilfe als Machtmittel. Craig Hooper sprach es als einer der Ersten offen aus, und er spielte damit auf die Pläne des amerikanischen Verteidigungsministers Donald Rumsfeld an, der die US-Streitkräfte verschlankt, mobiler und für die unterschiedlichen Einsätze besser ausgerüstet sehen will. Doch dazu, so Hooper, seien Flottenverbände vonnöten, die speziell dafür bestimmt seien, Hilfe in küstennahe Katastrophengebiete zu bringen. »Man stelle sich vor«, schwärmte er, »vierundzwanzig Schiffe unter amerikanischer Flagge wären, nur Stunden nach dem Tsunami, in den zerstörten Regionen der indischen Küste angekommen, hätten Hubschrauber, mobile Lazarette und Suchtrupps abgesetzt – ein aufregender Gedanke, der selbst Rumsfeld einleuchten müsste.«

Es darf bezweifelt werden, dass unter dem amtierenden amerikanischen Verteidigungsminister solche Ideen je in die Tat umgesetzt werden. Für Donald Rumsfeld sind die Streitkräfte zum Kämpfen da und zu nichts anderem.

Doch George W. Busch sandte nicht nur schweres Gerät und Geld, er schickte auch Colin Powell, den scheidenden Außenminister und Gegenspieler von Donald Rumsfeld – erst zu den sonst geschmähten Vereinten Nationen, dann in die Krisenregion.

Powell traf – in Begleitung von Jeb Bush, dem hurrikanerprobten Gouverneur von Florida und Bruder von George W. – nur eine Woche nach der Katastrophe in Thailand ein. Die Fernsehberichterstatter zeigten ihn vor einer Wand mit Bildern von Vermissten. Thailand, das war längst deutlich geworden, ist das Land in der Region, das sich am besten selbst zu helfen weiß. In Thailand werden die Kräfte der Marktwirtschaft wirken, werden die zerstörten Touristengebiete bald wieder aufgebaut sein. Powell bestätigte, dass die Versorgung der Überlebenden gesichert sei, dass es vor allem ein Problem gebe: »Die größte Herausforderung, die ich hier heute Nachmittag sehe, ist die Identifizierung der sterblichen Überreste.« Ein amerikanisches Forensikteam war bereits zur Stelle.

Der Außenminister reiste weiter nach Indonesien, wo schwierigere Probleme zu lösen waren.

Es war Dienstag, der 4. Januar 2005, Tag neun nach dem Tsunami, und Colin Powell gab gemeinsam mit seinem indonesischen

Kollegen Hassan Wirojuda eine Pressekonferenz in Jakarta. Die Hilfsflüge der US-Navy waren bereits medienwirksam zum Einsatz gekommen, jetzt folgte die politische Grußbotschaft der Vereinigten Staaten.

Powell unterstrich zunächst, dass die Hilfe seines Landes den Ausmaßen der Katastrophe entsprechen würde. Dann wies er auf die Tatsache hin, dass im Land mit der größten muslimischen Bevölkerung der Welt die Opfer eben vor allem Muslime seien und fuhr fort: »Unsere Hilfe ist unabhängig von der Religion. Aber ich denke, es gibt der muslimischen Welt die Gelegenheit, amerikanische Großzügigkeit, amerikanische Werte kennen zu lernen – zu sehen, dass wir uns um jeden kümmern, die Würde jedes einzelnen Menschen respektieren.«

Nach den Terroranschlägen am 11. September 2001 hatte das amerikanische State Department eine Reihe von Programmen erstellt, eine Art öffentlich zur Schau gestellte Diplomatie, um den Muslimen der Welt zu demonstrieren, dass die Vereinigten Staaten nicht anti-islamisch seien. Doch die Wirkung dieser Programme verpuffte angesichts der Bilder von Kampfhandlungen in irakischen Städten und von Folterungen in den Gefängnissen und Lagern.

Powell hielt in Jakarta mit seinen Ansichten, die ihn zum Außenseiter im Kabinett hatten werden lassen, nicht hinterm Berg. Die Vereinigten Staaten setzten sich für Demokratie und wirtschaftlichen Fortschritt ein, »um die Sümpfe der Unzufriedenheit auszutrocknen, in denen der Terrorismus gedeihen könnte«.

Aceh, das sagte er damit indirekt, darf nicht den Weg Afghanistans gehen, darf kein zweiter Irak werden. Würde die Provinz nach dem Tsunami in Bürgerkrieg, in Armut und Elend versinken, dann könnten sich islamische Fundamentalisten genau hier einnisten. Das sei zu verhindern, auch deshalb würde Amerika helfen:

»Amerika ist eine pluralistische Gesellschaft, die alle Religionen respektiert. Und ich hoffe, dass die Bürger Indonesiens dank unserer Hubschrauberpiloten sehen, wie wir helfen und einen Eindruck bekommen von unserem Wertesystem.«

Sein indonesischer Kollege Wirojuda, ein Harvard-Absolvent, dankte Powell ausdrücklich und betonte: »Wir wissen besonders die entscheidende Rolle der amerikanischen Streitkräfte zu schätzen.« Schon am nächsten Tag titelte die *New York Times* aus Jakarta: »Suddenly, Muslims see a not-so-ugly American.« The Ugly American – so hieß ein Roman von William Lederer und Eugen Burdick, der 1963 erschienen war. Er zeichnete das Bild vom hässlichen Amerikaner, der in Südostasien Frieden bringen will, aber alles falsch macht. Nun also sollten den Muslimen in der Region die Amerikaner »nicht mehr ganz so hässlich« erscheinen? Das Blatt zitierte den indonesischen Intellektuellen, Redakteur, Autor und Dichter Goenawan Mohamad: »Ich habe viele Nachrichten von Freunden bekommen, die sagen: ›Warum sind die muslimischen Länder so langsam und so geizig?‹« Mohamad meinte, die Kritik an den Amerikanern würde bleiben, wiewohl nicht mehr »so bissig« ausfallen. Die Zeitung ließ aber auch einen Politiker und zwei Studentenführer zu Wort kommen, und man musste den Eindruck gewinnen, die Schlagzeile sei wohl doch nur ein frommer Wunsch gewesen. Gari Primanada, einer der Studenten, hatte zwar gesagt: »Im Großen und Ganzen ist der Eindruck gut, ich hoffe er hält an«, hatte aber auch die Motive der Amerikaner hinterfragt: »Vielleicht wollen sie das Öl in Nordsumatra.« Ähnlich Nasrul Haq, der andere Student, der die Zusage von 350 Millionen Dollar kommentierte: »Es sieht doch so aus, als sorgten sie sich um ihr Ego: Die Supermacht der Vereinigten Staaten will nicht, das jemand sie übertrifft.«

Sicherlich hat die schnelle Hilfe dem Image der USA in Indonesien gedient. Mit Genugtuung wurde etwa registriert, dass die

Regierung Bushs in den ersten Tagen ungewöhnlich umsichtig gehandelt hatte. Man hatte sich zu einer »Kerngruppe« mit Australien und Japan zur Initiierung und Koordinierung von Aktionen zusammengeschlosssen und sich nicht als Führungsmacht aufgedrängt, überließ sogar alsbald den UN die Initiative. Doch wie lange dieser positive Eindruck anhalten wird, wird die Zukunft zeigen. Die Amerikaner werden sich nicht auf ihren Lorbeeren ausruhen können.

Wie leicht das Bild von der wohlwollenden, helfenden Großmacht ins Wanken geraten kann, zeigte sich beispielsweise bei der obligatorischen Befragung designierter Kabinettsmitglieder durch den amerikanischen Senat. Es war ausgerechnet Condoleezza Rice, die enge Vertraute Bushs und Nachfolgerin von Colin Powell, die hier den Fauxpas beging, öffentlich zu sagen, die Flutkatastrophe in Südostasien sei »eine wunderbare Gelegenheit« für die Vereinigten Staaten gewesen, »sich von ihrer mitfühlenden Seite zu zeigen«, und habe bereits eine »große diplomatische Dividende« erbracht. Die demokratische Senatorin Barbara Boxer fiel ihr ins Wort: »Das war keine wunderbare Gelegenheit, sondern eine der schlimmsten Tragödien.«

Dass in den USA internationale Hilfspolitik vor allem auch als Sicherheitspolitik angesehen wird, verdeutlichte auch ein kleines, von der Weltöffentlichkeit weniger beachtetes Ereignis. In Indonesien hatte die Regierung den fremden Streitkräften ein Ultimatum gesetzt: Bis zum 26. März 2005 hätten sie das Land zu verlassen. Das verwunderte. Durch die schnelle Hilfe war es immerhin gelungen, eine befürchtete zweite Welle des Todes, ausgelöst durch Hunger, Krankheiten und Seuchen, zu verhindern. Das bestätigte auch der UN-Koordinator Jan Egeland. Und die schnelle Hilfe, auch darüber herrschte Einigkeit, war nicht nur den privaten Organisationen, sondern eben nicht zuletzt den Streitkräften zu verdanken, und nicht nur den US-amerikanischen und europäischen, sondern auch den japanischen.

Um die Brisanz dieses Umstandes zu verstehen, muss man einen Blick auf die Geschichte Indonesiens werfen: 1941 hatten die Japaner begonnen, die indonesischen Inseln zu besetzen. Ihr Interesse galt kriegswichtigen Rohstoffreserven und der Verbesserung ihrer strategischen Position. Von Stützpunkten auf den indonesischen Inseln bombardierten sie die australischen Städte Darwin und Broome. Im März 1942 kapitulierten die Holländer. Damit ging die fast dreihundertfünfzigjährige Zeit ihrer Kolonialherrschaft zu Ende. Die meisten Indonesier begrüßten die Japaner als Befreier vom Joch der Europäer. Die Begeisterung verflog aber schnell, als die asiatischen Nachbarn ein Schreckens- und Willkürregime aufbauten. Die Herrschaft der Japaner endete mit ihrer Kapitulation im Zweiten Weltkrieg am 15. August 1945. Nun waren sie also wieder im Land – als Helfer. Sie schickten Versorgungs- und Amphibienboote mit einer Besatzung von 970 Soldaten – das Amphibienboot mit der Nummer 2106, ein Hoovercraft, angetrieben von einem riesigen Propeller, machte einen mächtigen Eindruck auf die Kinder in Banda Aceh, wenn es auf den Strand schlidderte und Lastwagen und Medikamente auslud.

Doch muss auch Indonesiens allerjüngste Geschichte bedacht werden: Im asiatischen Raum wird heute um Dominanz gerungen. Die drei Regionalmächte China, Indien, Pakistan beäugen einander mit Misstrauen. Indien und Pakistan standen schon mehrmals kurz vor dem nuklearen Schlagabtausch. Japan hingegen hat in aller Stille seine Marine ausgebaut, zu der stärksten nicht-nuklearen der Welt. Australien seinerseits verfolgt regionale strategische Ziele und ist als nächster Nachbar zu Indonesien vor allem an Stabilität und – besonders eingedenk der Anschläge auf Bali – an einer wirksamen Terrorabwehr interessiert. Und selbstverständlich will auch die Supermacht USA in diesem militärisch heiklen, wirtschaftlich rasant wachsenden Raum präsent sein.

Indonesien, so riesig das Inselreich mit seinen über 200 Millionen Einwohnern ist, spielt hier eine nur untergeordnete Rolle. Militärisch ist es ein Zwerg. Äußere Feinde könnte es kaum abwehren. Zwar stehen rund 350 000 Männer unter Waffen, doch die Streitkräfte verfügen nur über fünfundzwanzig uralte C-130-Transportflugzeuge, und von diesen Veteranen der Lüfte erwiesen sich nach dem Tsunami nur acht als sicher genug, um überhaupt aufzusteigen. Aber auch mit seinen Problemen im Innern wird der Vielvölkerstatt kaum fertig. Immer wieder kommt es zu brutalen Einsätzen des Militärs. Die USA hatten 1992 ihre Militärhilfe suspendiert, nachdem indonesische Soldaten in der (damaligen) Provinz Osttimor Demonstranten erschossen hatten. Osttimor wurde bekanntlich unabhängig – mit Hilfe vor allem der UN und Australiens. Das ist in Jakarta nicht vergessen.

Damit nicht genug: Seit Mai 2003 herrscht in der Provinz Aceh das Kriegsrecht. Bei einer Großoffensive mit 40 000 Soldaten kommt es zu einem Blutbad, bei dem mehr als tausend Menschen sterben. 20 000 Menschen aus der Region sind auf der Flucht. Terroranschläge stehen in Indonesien auf der Tagesordnung. Das Dilemma: Jetzt, nach der Flutkatastrophe, ist die indonesische Regierung einerseits auf fremde Hilfe angewiesen, will sich andererseits aber nicht bei ihren Operationen in diesem Bürgerkrieg in die Karten schauen lassen.

Vor diesem Hintergrund reiste Paul Wolfowitz in die Krisenregion. Sein wichtigster Stopp war Indonesien. Wolfowitz ist Deputy Defense Secretary, der zweite Mann im Pentagon. Von 1986 bis 1989 war er, während der Amtszeit von Ronald Reagan, US-Botschafter in Jakarta. Seine Verbindungen zu Indonesien sind sehr eng. Paul Wolfowitz machte in der Öffentlichkeit nur vage Andeutungen, was seine Mission betraf, sprach von »militärischen

Reformen«, sagte: »Wir müssen erst einmal eine Bestandsaufnahme machen.« Hinter den Kulissen dürfte der Hardliner Klartext geredet haben. Man darf vermuten, dass es um einen Handel ging: Jakarta solle nicht die Hilfsleistungen behindern, die USA würden dafür Indonesien bei der Modernisierung der Streitkräfte unterstützen und die alten Verbindungen wieder aufleben lassen.

Beide Seiten würden davon profitieren. Indonesien kann – auch unter dem Vorwand der Terrorismusbekämpfung – auf neue Waffensysteme hoffen. Die USA könnten ihre Präsenz im asiatischen Raum verstärken und auf längere Sicht auf dem Archipel Einfluss gewinnen. War dies die »große diplomatische Dividende«, von der Condoleezza Rice sprach?

Tatsache ist: Während der amerikanische Besucher von »Reformen« sprach, ließ Indonesiens Verteidigungsminister Juwono Sudarsono verlauten, das »Ultimatum« sei so ernst nicht gemeint gewesen, »ausländische militärische Hilfseinsätze dürfen fortgesetzt werden, allerdings in verringertem Umfang«.

Eine kleinere Dividende hatten die Vereinigten Staaten auch in Thailand kassiert. Von dem Stützpunkt Utapao der Royal Thai Naval Air Base starteten im Vietnamkrieg B-52-Bomber der Amerikaner in Richtung Nordosten. Die Gebäude der thailändischen Streitkräfte wurden aufgelassen und lange nicht mehr genutzt.

Nach dem Tsunami wurde hier im Handumdrehen unter dem Kommando eines Generals der US-Marines ein logistisches Hauptquartier eingerichtet, eine virtuelle Schaltzentrale mit Computern, Handys, Internet und E-Mail, von dem aus die gesamte Hilfsmission der Amerikaner im Indischen Ozean koordiniert wurde. Alles was hier entschieden wurde, ging online auch zum Pazifik-Hauptquartier auf Hawaii und zum Pentagon in Washington.

Die Vereinigten Staaten waren in Thailand seit langem nicht mehr präsent. Jetzt, durch die Katastrophenhilfe, sind sie es wieder. Und der virtuelle Stützpunkt dient zugleich als Modell für die Art mobiler Einsatzzentralen, die sich Donald Rumsfeld für die High-Tech-Kriege der Zukunft vorstellt.

Auch Deutschland leistete militärische Hilfe und schickte das Lazarettschiff »Berlin« Richtung Sumatra sowie Flugzeuge für den Heimtransport von deutschen Urlaubern. Aber der Akzent lag für die Bundesregierung doch woanders. Bundeskanzler Gerhard Schröder hatte sich schon einmal – beim Elbehochwasser im August 2002 – als geschickter Krisenmanager bei einer Flutkatastrophe erwiesen. Nicht zuletzt weil er damals zur rechten Zeit am rechten Ort war, wurde er im selben Jahr wiedergewählt. Nun, da sich zeigte, dass die Tsunamikatastrophe auch eine Katastrophe für Deutschland war, mussten zunächst einmal die richtigen Worte gefunden werden, um Trauer und Mitgefühl, aber auch Entschlossenheit und Hilfsbereitschaft zum Ausdruck zu bringen. Und so wurde die Silvesteransprache des Kanzlers kurzfristig umgeschrieben. Kein Wort über die Reformen und Hartz IV, um die Sorgen und Nöte im eigenen Land, nur um die verheerende Naturkatastrophe in Asien und ihre Folgen für die Welt sollte es gehen.

Schröder wandte sich den akuten Problemen in Südostasien direkt zu, nannte die konkreten Schritte, die jetzt unternommen werden mussten, kündigte ein langfristiges Engagement an, und nannte die erstaunliche Summe von 500 Millionen Euro, die man – über einen Zeitraum von drei bis vier Jahren gestreckt – aufzubringen bereit sei, ohne indes zu sagen, woher dieser Riesenbetrag kommen und wohin er fließen sollte. Auch in Bürgerkriegsgebiete wie auf Sri Lanka oder auf Sumatra? Würden Bedingungen an diese Zahlungen geknüpft werden? Doch um solche Fragen ging es in dieser Stunde nicht. Der Kanzler wollte auf keinen Fall zögerlich wirken. Details lassen sich auch später klären. Schröder sprach von Städte-Partnerschaften, aber auch Patenschaften von Schulen,

Unternehmen. Und er hatte seine Rede kaum beendet, da meldeten sich bereits enthusiastische Bürgermeister, Vereine, Schulen, spontan zusammengekommene Unterstützergruppen. Alle wollten helfen. Das Partnerstadt- und Patenschaftsmodell hat sich in der Vergangenheit bereits bewährt. Nun fand es zum Beispiel auch in Hamburg Anklang. Im Anhang dieses Buches ist das Vorhaben der Hansestadt, so wie sie es selbst wenige Tage nach der Katastrophe darstellte, dokumentiert.

Das Bekenntnis zum Engagement der bundesdeutschen Regierung kam nicht von ungefähr: Bereits im September 2000 hatten sich 189 Staaten, darunter auch die Bundesrepublik Deutschland, auf so genannte Millenniumsziele in der Entwicklungshilfe verständigt. 1,2 Milliarden Menschen hatten im Jahr 1990 von weniger als einem Dollar am Tag gelebt – das wurde damals als Maßstab für »Armut« genommen. Und diese Armut, so das Millenniumsziel, sollte bis 2015 prozentual zum Bevölkerungsanteil um die Hälfte verringert werden. Die Kindersterblichkeit sollte gleichzeitig um zwei Drittel sinken. Und es sollten bessere Bildungsangebote gemacht und Gesundheitsvorsorge betrieben werden.

Dreißig Jahre vorher, im Jahre 1970, hatte es die Vollversammlung der Vereinten Nationen noch für realistisch gehalten, dass die reichen Industrienationen von 1975 an durchschnittlich 0,7 Prozent ihres jeweiligen Bruttosozialprodukts für entwicklungspolitische Ziele aufwenden. Nur wenige – Dänemark, Luxemburg, die Niederlande, Norwegen und Schweden – kamen dem nahe, bei den meisten gingen die Zahlungen für die Entwicklungshilfe über die Jahre drastisch zurück. Unter dem Eindruck des 11. September 2001 verständigte sich die Europäische Union dann, bei einer Konferenz im Frühjahr 2002, darauf, bis 2006 wenigstens ein Niveau von 0,39 Prozent zu erreichen. Deutschland reduzierte sein Ziel auf 0,33 Prozent. Begründung: Man habe ohnehin am meisten zu zahlen und außerdem die Kosten der Wiedervereinigung zu tragen.

Aber sogar dieser Wert wurde nicht eingehalten. Noch im Dezember 2004 plädierte Finanzminister Hans Eichel dafür, lediglich »adäquate Mittel« für die entwicklungspolitische Zusammenarbeit bereitzustellen.

Und nun die Zusagen von 500 Millionen Euro, die Ankündigung von dauerhaften Partnerschaften – es wurde der Verdacht laut, der Bundesregierung gehe es nicht nur um Hilfe, ihr gehe es vielmehr auch um den begehrten ständigen Sitz im Sicherheitsrat der Vereinten Nationen. Gerhard Schröder hat das weit von sich gewiesen, ließ allenfalls durchblicken, er wisse wohl, dass die Chance, Washingtons Zustimmung zum Sitz im Sicherheitsrat zu bekommen, gleich null stehe. Deutschlands Ruf in der »Dritten Welt« sei nicht schlecht, wäre indes noch besser, wenn Berlin in der Vergangenheit wirklich eine nachhaltige Politik betrieben hätte. Jetzt gehe es um den Wiederaufbau und darum, auch dauerhaft eine Politik fairen Handelns, sinnvoller Entwicklungshilfe, der Armutsbekämpfung und der Friedenssicherung zu betreiben.

Kritische Fragen nach dem »Woher« der 500 Millionen ließ der Kanzler nicht gelten. Er achtete stattdessen medienbewusst darauf, dass alle Minister Trauer trugen und keiner aus dem Kabinett aus der Reihe tanzte.

Die Vereinten Nationen erinnerten indes daran, wie selten in der Vergangenheit Spendenzusagen tatsächlich eingehalten wurden. Die Hilfsbereitschaft hatte bislang so gut wie nie ausgereicht, um auch nur die dringlichste Not der von Naturkatastrophen heimgesuchten Menschen zu lindern. Die Finanzstatistiken des UN-Büros für die Koordinierung humanitärer Angelegenheiten (OCHA) belegen dies. Im Jahr 2004 richtete OCHA 31 Nothilfeersuchen an die internationale Öffentlichkeit – bat um insgesamt 3,4 Milliarden Dollar, um Hunger und Leid kurzfristig zu bekämpfen. Es kamen aber nur 2 Milliarden Dollar bei den verschiedenen UN-

Organisationen an, nur 60 Prozent der erforderlichen Summe. Ein altbekanntes Muster.

Ein Beispiel: Kein Land wird von Naturkatastrophen so regelmäßig und so verheerend heimgesucht wie Bangladesch. Der Monsun im Sommer 2004 zum Beispiel war besonders schlimm; er setzte fast drei Viertel des Landes unter Wasser. Die Zahl der Todesopfer, die mit 638 beziffert wurde, scheint verhältnismäßig gering, aber unter den materiellen Schäden haben rund 34 Millionen Menschen zu leiden. 850 000 Häuser wurden zerstört, mehr als zwei Millionen beschädigt. 20 000 Stück Vieh ertranken in den Fluten. Schulen, Krankenhäuser und Handwerksbetriebe wurden zerstört. Die Regierung Bangladeschs bezifferte den Schaden auf 6,6 Milliarden Dollar. Um wenigstens den ärmsten Flutopfern über die ersten sechs Monate hinweg zu helfen, arbeiteten die UN-Organisationen ein Nothilfeprogramm samt Finanzplan aus. Der Bedarf wurde auf 210 Millionen Dollar veranschlagt. Doch das akute Hilfeersuchen, bei der UN »Flash Appeal« genannt, erbrachte wenig. Die UN konnten gerade 60 Millionen Dollar einwerben, weniger als ein Drittel der erforderlichen Summe.

Laut OCHA ist die Unterfinanzierung der humanitären Hilfe chronisch. 2004 fehlten mehr als 1,3 Milliarden Dollar (40 Prozent der notwendigen Hilfsgelder); 2003 belief sich der Fehlbetrag auf fast 1,8 Milliarden Dollar (34 Prozent), 2002 auf nahezu 2 Milliarden Dollar (45 Prozent).

Vor diesem Hintergrund war die Ankündigung von Jan Egeland, dem Chef der OCHA, der jetzt die Hilfe für Südostasien koordinierte, zu verstehen, dass die Vereinten Nationen diesmal Auskunft über jede Spende geben würden. Es waren zu diesem Zeitpunkt schon über vier Milliarden Dollar von Regierungen und Bürgern gesammelt oder zugesagt worden.

»Ich hoffe, die Reaktion auf den Tsunami ist der neue Standard, wie sich die Welt in Zukunft um die Hilfsbedürftigen kümmert«, sagte Egeland in Anerkennung dieses Geldsegens. Und kündigte an, die Regierungen künftig zur Rechenschaft zu ziehen: »Wir werden das ins Internet stellen, weil es einen großen Unterschied zwischen Versprechen und tatsächlichen Spenden gibt.«

In der Tat war es weltweit zu einem regelrechten Spendenwettbewerb gekommen. Dafür war sicherlich das Zusammentreffen mehrerer Umstände verantwortlich:

Erstens: Mehrere Regierungen verfolgten hier ihre politischen Interessen, was sie mehr oder minder direkt zugaben.

Zweitens: Die seit dem Irak-Krieg besonders virulent gewordene Konkurrenz Europa – Amerika über die richtige Außen- und Sicherheitspolitik stachelte zu immer größeren Zusagen an.

Drittens: Es handelte sich um eine Naturkatastrophe, das heißt: Es gab ein eindeutiges Opferschema. Anders bei den Völkermorden im Kongo, in Ruanda und Darfur, wo die politische Lage häufig nur schwer durchschaubar und nicht immer klar zu sagen ist, wer Opfer, wer Täter ist.

Viertens: Betroffen von der Katastrophe waren internationale Touristenzentren.

Fünftens: Bilder und Berichte aus Südostasien waren über einen langen Zeitraum in allen Medien präsent. Immer mit im Blick hatte man dabei die Touristen, die eigenen Landsleute.

Auf einmal also rückte die Welt voller Mitgefühl zusammen. Die deutsche Entwicklungshilfeministerin Heidemarie Wieczorek-Zeul sprach von einer »Globalisierung der Mitmenschlichkeit«. Auch das war ein treffendes Wort. Allein die Deutschen hatten am Stichtag 7. Januar fast genauso viel an Privatspenden aufgebracht, wie nach der Elbeflut – etwa 330 Millionen Euro.

Ob dies nun den neuen Standard markiert, was die Spendenbereitschaft der Menschen angeht, wie Jan Egeland hofft, muss bezweifelt werden, vor allem, wenn bei der nächsten Gelegenheit die geeigneten Bilder fehlen, wenn sich die reichen Länder nicht betroffen fühlen und wenn die Regierungen keine Möglichkeit sehen, sich in der einen oder anderen Form zu profilieren. Jan Egeland müsste dies eigentlich wissen, denn um Profilierung ging es schließlich auch den UN. Inkompetenz, Korruption, eine aufgeblähte Bürokratie, oder zuletzt etwa die Skandale um das Programm »Öl für Lebensmittel« haben die Weltorganisation in Misskredit gebracht. Auch für die UN war der Tsunami also eine »wunderbare Gelegenheit«, wie Condoleezza Rice es so pietätlos ausdrückte, sich von ihrer besten Seite zu zeigen.

Beim Spendenwettlauf lagen am Ende die Deutschen vorn, wenn man öffentliche und private Gelder zusammenzählt. Schon bald meldeten sich auch kritische Stimmen. »Genug, genug, genug!«, rief die *Financial Times* aus und nannte es »grotesk«, wie sich Regierungen mit ihren Zusagen zu übertrumpfen bemühten. Auch Gerhard Schröder hatte gemahnt, die »Absorptionsfähigkeit« der betroffenen Länder zu beachten. Ein vorsichtig formulierter Hinweis darauf, dass es durchaus keine ausgemachte Sache sei, dass die betroffenen Länder das Geld auch sinnvoll verwenden können.

Auch die privaten Hilfsorganisationen schienen bald nicht mehr recht zu wissen, wohin mit den Geldern. Das hatte es noch nicht gegeben: Die Hilfsorganisation Ärzte ohne Grenzen rief offiziell dazu auf, nicht mehr zu spenden, jedenfalls nicht zweckgebunden für die Flutopfer, wer spenden wolle, solle das ohne Zweckbindung tun, für den Einsatz bei anderen Projekten. Das war eine schwere Entscheidung, zumal die Spendenwilligkeit in der Bevölkerung noch längst nicht erlahmt war. Zu diesem Zeitpunkt hatte allein die deutsche Sektion von Ärzte ohne Grenzen 20 Millionen Euro an Spenden für die Flutopfer in Asien eingenommen, mehr als die

Gesamteinnahmen des Jahres. Die Ärzte ohne Grenzen erklärten, dass sie »vorrangig in der akuten Phase Soforthilfe« leisten, sich aber »meist nicht mit großen Projekten am jahrelangen Wiederaufbau« beteiligen würden. Also zogen sie mit ihrem Aufruf zum Spendenstopp die Notbremse.

Besonders in Frankreich wurde diese Entscheidung heftig diskutiert. Aber auch in Deutschland kam die Frage auf: Kann man zuviel spenden? Gibt es ein Zuviel an Hilfe? Wenn man von fünf Millionen Betroffenen ausging, dann waren für jeden einzelnen rund tausend Dollar gespendet oder wenigstens zugesagt worden. Das scheint nicht zuviel zu sein. Doch diese Rechnung setzt voraus, dass das gespendete Geld eins zu eins den Menschen zukommt, und das ist leider nicht der Fall.

Wie wird das Geld ausgegeben werden? Der Löwenanteil wird nach Indonesien für den Wiederaufbau der Provinz Aceh gehen. Bei der Geberkonferenz Mitte Januar 2005 in Jakarta wurde deutlich, wie sich neben den militärpolitischen Schachzügen auch wirtschaftspolitische ankündigten. Beim Wiederaufbau kann man Geld verdienen. Auch bei der Einrichtung eines Tsunami-Warnsystems. Die Deutschen brachten sich da schnell ins Gespräch, erinnerten an alte Hilfs- und Kooperationsleistungen etwa beim Katastrophenschutz. Die höchste Regierungszusage war die von Japan, 400 Millionen Dollar direkt an Indonesien oder an UN-Körperschaften, die in Aceh tätig sind. Insgesamt wurde so viel Geld versprochen, dass die Provinz, gemessen am bisherigen Niveau, gleich zweimal wieder aufgebaut werden könnte: mit 4 Milliarden Dollar an staatlicher Auslandshilfe zuzüglich der Spenden einzelner Bürger und großer Unternehmen.

Indonesien gilt als eines der korruptesten Länder der Welt, Aceh als die korrupteste Provinz Indonesiens. Wer wird über die korrekte Vergabe wachen, wenn auf einmal so viel Geld in die

Staatskassen fließt? In Afghanistan war das Gros der Wiederaufbauhilfe aus dem Ausland in einen von der Weltbank verwalteten Fonds gegangen, bei dem jedenfalls halbwegs sicher war, dass Einnahmen und Ausgaben nach internationalen Finanzstandards verbucht werden. In Jakarta schien sich die Regierung von Präsident Yudhoyono nicht für ein solches Modell erwärmen zu wollen.

Wie wichtig das aber wäre, wurde noch im selben Monat deutlich. Ein Team der Indonesia Corruption Watch, einer Sektion jenes internationalen Überwachungsvereins, hatte festgestellt, dass die Regierungsangaben über die Zahl der in Aceh in Lagern untergebrachten Überlebenden wohl manipuliert waren. Die Regierung hatte Schätzungen mit der Zahl 400 000 verbreitet. Die Korruptionsermittler meinten, es seien höchstens 200 000.

Derweil ventilierte Staatsminister Yusril Ihza Mahendra in Jakarta eine Idee für den Wiederaufbau von Banda Aceh. Die Provinzhauptstadt soll nach dem Vorbild der Stadt Putrajaya gestaltet werden. Es heißt, dort verbänden sich auf vorbildliche Weise islamische Werte mit regionalen Traditionen. Das ist schön gesagt, die Realität sieht anders aus. Putrajaya ist der Verwaltungssitz der malaysischen Regierung, eine Mitte der neunziger Jahre begonnene, bis heute nicht fertiggestellte Prunkstadt, in der nur Beamte leben. »Jaya« bedeutet »Erfolg«, »Vollendung«. Der einzige »Erfolg«, der sich hier abzeichnet, ist allerdings der Ausbau eines korrupten Verwaltungsapparats. Jeder gespendete Euro, der in ein solches Projekt fließen würde, wäre in der Tat ein Euro zu viel.

Kapitel 5

Politik

Die Reaktionen auf die Flutkatastrophe vom 26. Dezember 2004 waren weltweit von Mitleid und Bestürzung geprägt. Das dürfte jedenfalls für die Millionen Bürger gelten, die Geld spendeten, das den Menschen in den betroffenen Regionen zugute kommen sollte. Viele Institutionen, internationale Organisationen und Regierungen hatten andere Motive. Man wollte gut dastehen, wollte sein Image pflegen, wenn nicht gar mehr oder weniger unverhohlen sein eigenes Süppchen kochen.

Aber auch die Regierungen der von der Flut betroffenen Länder sahen in dem Tsunami nicht nur einen furchtbaren Schicksalsschlag, sondern auch die Chance, mit drängenden Problemen im Innern, womöglich ein für alle Mal, fertig zu werden. Drei Konfliktherde, die im ostasiatischen Raum seit längerem Anlass zur Beunruhigung geben, verdienen in diesem Zusammenhang eine nähere Betrachtung:

Erstens: Seit Jahren kämpft auf Sri Lanka die Rebellenorganisation Liberation Tigers for Tamil Eelam (LTTE), die Tamil Tigers, gegen die Armee der Zentralregierung. Seit 1983 fordern die Tigers einen eigenen Staat im Siedlungsgebiet der tamilischen Minderheit im Norden und Osten des Inselstaats. Die hinduistischen Tamilen stellen knapp zehn Prozent der Gesamtbevölkerung, im Norden um Jaffna herum sind aber 95 Prozent und im Osten sowie in der Zentralregion bei der Stadt Kandy etwa 33 Prozent der Einwohner Tamilen. Ihnen steht eine Mehrheit von gut 80 Prozent buddhistischen Singhalesen gegenüber. Der Bürgerkrieg hat weit über 60 000 Menschenleben gefordert, die Tamilen sprechen von 17 000 gefallenen »Kriegshelden« auf ihrer Seite.

Nach zwanzig Jahren des Bürgerkriegs, Ende 2002, schien sich eine Verhandlungslösung anzubahnen. Bei Gesprächen in Oslo zeigten die Tamilen erstmals die Bereitschaft, die Forderung nach einem eigenen Staat fallen zu lassen. Ihr Chefunterhändler Anton Balasingham optierte nun für ein Autonomiemodell: Innerhalb einer Föderation Sri Lanka sollten die Tamilen besondere Rechte erhalten.

Schon wurde ein »historischer Durchbruch« gefeiert. Bald zeigte sich aber, dass Balasingham wohl nur taktiert hatte. Aus der Osloer Erklärung lasse sich ein »bedingungsloser Verzicht auf das Recht auf Sezession« nicht ableiten.

Die Friedensgespräche wurden im April 2003 ausgesetzt. Die Tigers rüsteten schon längst wieder auf. Sie rekrutierten Kindersoldaten, richtiger: Die Tamil Tigers zwangen Kinder und Jugendliche in ihre Reihen, die sie zuvor entführt hatten. Noch gefährlicher wurde die Lage, als sich die Aufständischen aufspalteten, es zu bewaffneten Auseinandersetzungen zwischen Anhängern des Rebellenchefs Velupillai Prabhakaran und des abtrünnigen Kommandanten Karuna kam.

Auch die Volksallianz der Präsidentin Chandrika Kumaratunga verlor nach und nach das Interesse an Verhandlungen. Nach ihrem Wahlsieg 2004 vergaß sie ihr Versprechen, das Gespräch mit den Tigers wieder aufzunehmen. Sie musste mit nationalistisch-singhalesischen Kräften koalieren, und diesen gingen die tamilischen Forderungen nach Selbstverwaltung zu weit.

Die Menschenrechtsorganisation Human Rights Watch berichtete Ende 2004, dass die Tigers seit Februar 2002 trotz Gesprächen und Waffenstillstandsabkommens 3500 Kindersoldaten in ihren Dienst gepresst hätten und dass überdies mehr als 100 politische Morde auf das Konto der LTTE gingen.

In einer Radio-Ansprache, einer traditionellen »Rede an die Tamil-Eelam-Nation« am 27. November 2004, zieh Prabhakaran die Regierung in Colombo der Verzögerungstaktik. Der publikumsscheue Tamilenführer verlangte ultimativ: Entweder werden die Friedensgespräche auf der Basis der Vorschläge der Tamilen wieder aufgenommen, oder es kommt zu einer »Ausweitung des Freiheitskampfs unserer Nation«. Alles deutete auf ein heftiges Wiederaufflammen der Kämpfe hin. Vier Wochen später kam die Flutwelle.

Der Tsunami tötete an einem Tag über 30 000 Menschen an den Küsten Sri Lankas. Der ehemalige Luftwaffenchef von Sri Lanka, Harry Gunatillake, meldete sich zu Wort mit der Botschaft, die Naturkatastrophe habe Sri Lanka vor einer neuen Phase im Bürgerkrieg bewahrt: »Ohne Tsunami wären wir vielleicht im neuen Jahr zu den Waffen zurückgekehrt.«

Ralf Leonhard berichtete für *DIE ZEIT* von der Insel, dass sowohl die Tamil Tigers als auch die Regierungsarmee weit mehr Soldaten verloren hätten, als sie zugeben wollten. Die 18 000 Männer und Frauen, welche die Tigers unter Waffen hätten, seien mit Aufräumarbeiten beschäftigt oder kümmerten sich um ihre Familien. Die Seestreitkräfte beider Seiten seien schwer angeschlagen. »Die gemeinsam erlittene Katastrophe hat darüber hinaus die Widersacher einander menschlich näher gebracht.« Zwar habe die LTTE im Ausland aufgerufen, Spenden direkt an sie und nicht an die Regierung in Colombo zu schicken, habe außerdem insistiert, in ihren Gebieten die Hilfsgüter selbst zu verteilen. Aber, so Leonhard, man habe vereinbart, während der Rettungsaktion und für die Zeit des Wiederaufbaus mit der Regierung zusammenzuarbeiten.

Zweitens: In der Provinz Aceh brach am 19. Mai 2003 mit einer Offensive der indonesischen Militärs erneut der Bürgerkrieg aus. Bald dreißig Jahre währt er nun schon. Die Weltöffentlichkeit hat von diesem Konflikt nur selten Notiz genommen. Indonesien war gleichbedeutend mit dem Moloch Jakarta und der Trauminsel Bali, wurde vielleicht noch in Verbindung gebracht mit dem Unabhängigkeitskampf in Ost-Timor, jener ehemaligen portugiesischen Kolonie, die von 1976 bis 1999 von Indonesien besetzt war. Von Aceh hörte man allenfalls, wenn die blutigen Metzeleien überhand nahmen oder wenn sie für Verhandlungen unterbrochen wurden.

Ihre exponierte Lage an der nordwestlichen Spitze Sumatras hatte die Provinz schon früh dem Islam ausgesetzt. Im 13. und 14. Jahrhundert stießen von hier aus arabische Kaufleute und Reisende tiefer nach Südostasien vor. Die einheimische Bevölkerung übernahm ihren Glauben und ihre Gebräuche. Während der Islam sich aber auf den anderen Inseln des Archipels mit Naturreligionen, mit Buddhismus und Hinduismus vermischte und dort seither recht locker ausgelegt und gelebt wurde, blieb er in Aceh in orthodoxer Form bestehen. Über die Jahrhunderte änderte sich daran wenig. Auch die Holländer vermochten das Sultanat nie vollständig unter ihre Kontrolle zu bringen.

Nach der Unabhängigkeit von den niederländischen Kolonialherren kam es für Aceh zu einer neuen Fremdherrschaft. Der rigide Zentralismus des neuen Indonesien unter dem ersten Präsidenten Sukarno erschien vielen Bewohnern Acehs kaum als eine Verbesserung zu der Situation unter dem Kolonialregime. Schon in der Ära Sukarno regte sich der Widerstand.

Die systematisch für die Befreiung eintretende Bewegung freies Aceh, Gerakan Aceh Merdeka, kurz GAM, wurde erst 1976 gegründet. Da herrschte in Jakarta Sukarnos Nachfolger Suharto. Sein autokratisches, aber in Religionsfragen eher tolerantes Regime versuchte in Aceh den Fundamentalismus einzudämmen.

Zugleich wurde die an Rohstoffen reiche Provinz ausgebeutet. Die Einkünfte aus der Öl- und Erdgasförderung gingen fast vollständig an die Staatskasse in Jakarta, Aceh wurde mit leeren Versprechungen abgespeist. Die Kämpfe der GAM, die ihrerseits der Bevölkerung Steuern und Verpflegung abpresste sowie Kämpfer zwangsrekrutierte, stürzte die Provinz immer tiefer ins Elend.

Die Loslösung Ost-Timors auf der anderen Seite des Inselreichs brachte auch für die Provinz Aceh eine geringfügige Verbesserung. Sensibilisiert für die Gefahren eines allzu rigiden Zentralismus versuchten es Suhartos Nachfolger Habibie und Wahid mit einem gewissen Maße an Autonomie.

Präsidentin Megawati Sukarnoputri führte diese Politik fort, kam den islamischen Bestrebungen noch weiter entgegen. In Aceh wurde die Scharia, das islamische Recht, eingeführt. Wichtiger war vielleicht, dass seit Jahresbeginn 2002 die Zentralregierung der Provinz nun drei Viertel der Erlöse aus den Erdgasvorkommen überließ, die in Kooperation zwischen Exxon Mobil und der staatlichen Erdölgesellschaft Pertamina gefördert wurden. Doch die GAM nahm die ausgestreckte Hand nicht an. Sie kämpfte weiter für die vollständige Unabhängigkeit.

Bis dahin hatte der Bürgerkrieg schon über 10 000 Tote gefordert. Die Provinz war immer mehr verarmt, weil die größeren Unternehmen abzogen. Im Mai 2003 kam es dann wieder zu Verhandlungen. Dreizehn Stunden lang saßen Vertreter der Regierung und der GAM in Tokio zusammen. Sie trennten sich ohne Ergebnis am Abend des 18. Mai, einem Sonntag. Der damalige indonesische Koordinationsminister für Sicherheit und Politik, Susilo, erklärte: »Es gab keinerlei Anzeichen seitens der GAM, den Status der indonesischen Einheit als Rahmen für eine friedliche Lösung zu akzeptieren.« Der GAM-Führer Mahmud Malik hielt dagegen: »Die indonesische Regierung will ihren Krieg gegen Aceh fortführen. Wir werden kämpfen. Wir sind bereit.«

Am nächsten Tag, Montag, dem 19. Mai, fielen wieder Bomben. Die Regierung hatte das Kriegsrecht über die Provinz verhängt. Fallschirmjäger landeten in der Umgebung von Banda Aceh. Kriegsschiffe hielten auf Lhokseumawe, das Industriezentrum der Provinz, zu. Rebellenlager in den Bergen wurden mit Raketen beschossen.

In dem Dorf Rise Baru, unweit Lhokseumawes, erlebte der Amerikaner William Nessen, wohl der einzige Journalist überhaupt, der unmittelbarer Augenzeuge der Kämpfe wurde, den Angriff der indonesischen Truppen auf die GAM. Er sah die Guerillataktik der Rebellen. Ein örtlicher Anführer, der sich English nannte, hatte sie ihm erklärt: »Wenn sie vorrücken, ziehen wir uns zurück; wenn sie umkehren, kommen wir wieder. Wenn sie müde oder schwach oder unvorsichtig werden, greifen wir an.« Die GAM-Kommandos begnügten sich mit punktuellen Angriffen, sie wollten die Streitkräfte zermürben, nicht aber sich ihnen in einer entscheidenden Schlacht stellen. Dazu war deren Übermacht zu groß. 3000, höchstens 5000 Kämpfer gegen 30 000 Soldaten – sie hätten im direkten Angriff keine Chance gehabt. So schätzten sie es selber ein. Ein anderer Führer namens Nasir sagte dem Journalisten Nessen: »Wir müssen den Krieg nicht gewinnen, wir müssen nur dafür sorgen, dass die ihn nicht gewinnen.«

So schwelte der Konflikt weiter. Ausländische Beobachter gab es nicht. Journalisten und internationalen Hilfsorganisationen war der Zutritt zur Provinz offiziell untersagt. Ein Kommandant der Streitkräfte hatte erklärt, man werde mit den Rebellen »kurzen Prozess machen«. In den zwanzig Monaten Ausnahmezustand und Kriegsrecht nach der Offensive vom Mai 2003 war aber auch nicht zu erfahren, ob die Militärs die Oberhand gewonnen hatten. Den spärlichen Augenzeugenberichten, die es gab, war zu entnehmen, dass die Bewohner von Aceh des Bürgerkriegs zumeist überdrüssig waren. Sie waren beides leid: die Repressalien der Soldaten ebenso wie die Übergriffe der Rebellen.

Erst nach dem Tsunami kamen wieder Helfer und Journalisten nach Aceh. Es gab wieder eine unabhängige Berichterstattung. Schon wenige Tage nach der Katastrophe, am 29. Dezember 2004, äußerte sich Jochen Buchsteiner, der kenntnisreiche Korrespondent der *Frankfurter Allgemeinen Zeitung* in Jakarta, vorsichtig optimistisch. Die Naturkatastrophe habe einen »ambivalenten Effekt«. Die verfahrene politische Lage erschwere die Hilfe von außen, öffne aber unerwartet die Möglichkeit der Versöhnung: »Die weithin verhassten Soldaten betätigten sich spontan als Rettungshelfer.«

Die Bürgerkriegsparteien hätten einen Waffenstillstand vereinbart, hieß es. Der Militäroberbefehlshaber General Endriartono Sutarto habe in Jakarta angekündigt, den größten Teil der Truppen für Hilfsmaßnahmen abzustellen, er habe die GAM aufgefordert, sich zu beteiligen. Gleichzeitig habe sich ein Sprecher der Rebellen zu Wort gemeldet und bestätigt, so Buchsteiner, dass ihre Führung in Schweden beschlossen habe, die Feindseligkeiten vorübergehend einzustellen und sich auf humanitäre Aufgabe zu konzentrieren.

Drittens: Auch für den Süden Thailands war das Jahr 2004 ein Krisenjahr, schon bevor der Tsunami kam. Kaum registriert von der Weltöffentlichkeit, kam es in den Provinzen an der Grenze zu Malaysia zu einer Reihe von Bombenanschlägen. Buddhistische Mönche wurden umgebracht und regelrecht enthauptet. Soldaten, Polizisten, Lehrer, alle Repräsentanten des Staats mussten um ihr Leben fürchten. Mehr als 400 Menschen waren in diesem Jahr Opfer von Terroranschlägen geworden. Wann die Krise begann, lässt sich schwer ausmachen. In der Region, dem schmalen Landstrich südlich der Urlaubsgebiete, leben schätzungsweise drei Millionen Muslime. Sie sprechen den malaiischen Dialekt Yawi. Bis vor kurzem schienen sie in mustergültiger Harmonie mit den

Thais zusammen zu leben. Doch das hat sich inzwischen als Illusion erwiesen.

Im Jahr 1902 hatte Thailand das Sultanat Pattani annektiert. Mit der Attitüde einer Besatzungsmacht versuchte man die Malayen zu assimilieren. Bis in die sechziger Jahre kämpften Muslime in der nun thailändischen Region für die Unabhängigkeit. Danach beruhigte sich die Lage, die Muslime hatten sich allem Anschein nach mit ihrem Los abgefunden. Was in Wirklichkeit hier geschah, in einer Region, in welcher der Staat keinerlei Rückhalt in der Bevölkerung genießt, lässt sich nur vermuten. Undurchdringliche Dschungel, eine nicht zu kontrollierende Grenze – Schmuggler, Drogen- und Waffenhändler tummelten sich hier. Die Kämpfer für die Unabhängigkeit Pattanis stellten sich in die Dienste lokaler Bandenchefs. Und in diesem Schattenreich trafen sich die Chefs von Terrorgruppen, planten Anschläge auf »weiche Ziele« in Südostasien, womöglich auch jenen Anschlag auf westliche Urlauber auf Bali im Jahre 2002, für den die rätselhafte, mit Al-Qaida liierte Terrorgruppe Jemaah Islamiyah verantwortlich zeichnete.

Mitte der neunziger Jahre, sagen thailändische Sicherheitsleute, seien rund zweihundert Thai-Moslems aus Afghanistan, Pakistan und Nahost hierher zurückgekehrt. Sie sollen Kontakte zu Al-Qaida unterhalten haben, mit falschen Papieren, viel Geld, Terrorerfahrung und einem Plan ausgestattet gewesen sein, um die Konflikte zu schüren, damit sich die Muslime in diesen Südprovinzen zum heiligen Krieg gegen den Rest des Königreichs erheben.

Im Jahr 2004 ging diese Saat auf: Am Morgen des 28. April machte sich die Fußballmannschaft des Ortes Suso in Richtung der Provinzhauptstadt Yala auf. Vorgeblich wollte sie in einer Moschee beten. Doch sie stürmten, bewaffnet mit Messern und Macheten, eine Polizeistation. Alle dreizehn Sportler starben unter den Kugeln der Polizisten, auch solche, die sich angeblich mit erhobenen Händen in einem Gartenrestaurant nebenan ergeben wollten.

Die Vereinigte Befreiungsfront Pattani, eine längst in Vergessenheit geratene Separatistenorganisation, meldete sich nach dem Blutbad plötzlich wieder zu Wort. Auf ihrer Website versuchte sie, mögliche Urlauber abzuschrecken: »Liebe Weltbürger, wer jetzt nach Thailand reisen will, sei gewarnt vor einem Besuch des Südens und der Urlaubsziele Phuket, Krabi und Phang Na.«
Die deutsche Bundesregierung nahm die Drohung ernst genug, um von einer »erhöhten Gefährdungslage« im Süden Thailands zu sprechen, mahnte zu »erhöhter Vorsicht« selbst auf Phuket.

Malysia reagierte auf seine Weise, unterstellte, dass die Muslime die Opfer seien: Es bot seinen Glaubensbrüdern in Thailand an, Asyl in Malaysia zu suchen, wenn sie sich bedrängt fühlten. Und es warnte seine Bürger vor Reisen in das Nachbarland.

Immer wieder wurden danach Polizei- und Militärposten in Südthailand angegriffen. Und der Staat schlug mit unerbittlicher Härte zurück. Die Ordnungskräfte stürmten die Krue-See-Moschee nahe der historischen Hauptstadt Pattani, alle Muslime, die sich dort verschanzt hatten, kamen ums Leben. In dem Grenzort Tak Bai erschossen thailändische Soldaten sieben muslimische Demonstranten und zwängten mehrere hundert auf Lastwagen, wobei mindestens 78 Menschen starben – sie erstickten auf den völlig überfüllten LKW-Ladeflächen.

Ende des Jahres stand zu befürchten, dass der Konflikt den Norden erreichen, der Terror die Urlaubsparadiese überziehen würde. Phuket liegt nur etwas mehr als 300 Kilometer von den Unruheprovinzen entfernt. Selbst Bangkok schien gefährdet. Die Vereinigte Befreiungsorganisation drohte die Hauptstadt niederzubrennen. »Unsere Waffe ist Feuer und Öl.« Thailands Premier Thaksin drohte seinerseits mit harter Hand gegen die Terroristen vorzugehen. Dann kam das Grauen des Tsunami über das Land.

Und auch hier wurden plötzlich verhalten optimistische Töne angeschlagen. In der *Straits Times* von Singapur, dem südlichen Nachbarn Malaysias, schrieb Ooi Kee Beng, die Spannung, die zwischen Thailand und Malaysia wegen des südlichen Thailand geherrscht habe, werde nachlassen: »In dieser neuen Situation kann sich Premierminister Thaksin Shinawatra eine Zeit lang auf das Wohlwollen der Thais aller Religionen und selbst auf das der malayischen Regierung verlassen.« Es sei nicht ausgeschlossen, dass Thaksin eine Atmosphäre schaffen könne, in der »ausgewogene Verhandlungen« mit den muslimischen Separatisten im Süden des Landes geführt werden könnten.

Vielleicht waren die Prognosen der genannten Journalisten allzu optimistisch. Denn schon bald mehrten sich die Zeichen, dass es mit dem Morden weitergehen würde. Auf Sri Lanka machten sich die Tamil Tigers wieder daran, Kinder als Soldaten zu rekrutieren. Die Menschenrechtsorganisation Human Rights Watch dokumentierte einen Fall, der sich in dem Flüchtlingslager Mandoor im Osten des Landes ereignete. Rebellen durchkämmten das Lager. Sie wollten unter anderen einen zehnjährigen Jungen entführen. Sein Vater stellte sich ihnen in den Weg. Die Kämpfer schlugen den Mann. Er musste in ein Krankenhaus gebracht werden. Immerhin konnte der Junge von Hilfskräften gerettet werden. Er blieb allein zurück im Camp. Seine Mutter war nach dem Tsunami nicht mehr gesehen worden. Auf sich gestellt ist der Zehnjährige dann allerdings wieder größter Gefahr ausgesetzt.

Laut dem »Weltreport Kindersoldaten« der Hilfsorganisation Terre des Hommes kämpfen heute in über zwanzig Ländern insgesamt 300 000 Kinder. Die Kommandeure, auch oft als Kinder in den Waffendienst gezwungen, nutzen ihre desolate Lage gnadenlos aus. Sie glauben, die Kinder hätten keine Angst, hielten den Krieg nur für ein Spiel. Oft setzen sie sie unter Drogen. Viele sind

Waisen oder stammen aus Familien, die alles verloren haben. Die Kinder an den Waffen kennen bald keine andere Loyalität als die zu ihrem Anführer, haben nichts anderes gelernt als zu töten. Sie geben nicht auf. Wo sollten sie auch hin, wer sollte sie zurück in ein normales Leben führen, ein Leben, das sie nie gekannt haben?

Mit einiger Wahrscheinlichkeit hat der Tsunami auch die Reihen der LTTE gelichtet. Es steht zu befürchten, dass die Lücken mit denen aufgefüllt werden, die nach der Flutkatastrophe schutzloser als alle anderen sind, mit Kindern. Wenn die Rebellen in den Gebieten, die sie kontrollieren, auch die Hilfe organisieren, dann bedeutet dass nichts anderes, als dass sie auch die Aufsicht über die Lager haben. Private Hilfsorganisationen haben unter solchen Umständen kaum eine Chance, sich schützend vor die bedauernswerten Opfer der Rekrutierungstrupps zu stellen.

Ende Januar 2005 berichtete auch Unicef, das Kinderhilfswerk der Vereinten Nationen, von Übergriffen auf Sri Lanka. Mindestens vierzig Minderjährige seien von der LTTE zu Soldaten gemacht worden. Die Zahl mag nicht übermäßig groß sein. Aber es genügte auch eine noch so kleine Zahl, um zu beweisen, dass eine Organisation, die zu solchen Mitteln greift, nicht ernsthaft zu friedlicher Kooperation bereit sein wird.

Auch Indien hat sich immer wieder in den Konflikt eingeschaltet. Schon 1987 unternahm die Regierung von Rajiv Gandhi eine Reihe von Vermittlungsversuchen, schickte schließlich eine Interventionstruppe – die so genannten Indian Peace Keeping Forces – ins Krisengebiet, den Norden Sri Lankas. Diese konnten einige Tamilengruppen entwaffnen, nicht aber die Tamil Tigers.

Die Tigers schlugen vielmehr grausam zurück: Selbstmordattentäter aus ihren Reihen brachten 1991 Rajiv Gandhi bei einer Wahlkampfrede in Madras um, jener Stadt, die heute Chennai heißt und im Dezember 2004 ebenfalls von dem Tsunami getroffen wurde. Seither fühlen sich die Tamil Tigers, wie ihr Chef Balasingham es ausdrückte, als »stärkste nationale Widerstandsbewegung der Welt«.

Zum Waffenstillstand war es gekommen, nachdem in Tokio auf einer Geberkonferenz von rund fünfzig Staaten im Juni 2003 Sri Lanka Hilfsgelder in Höhe von 4,3 Milliarden Dollar zugesagt wurden – unter der Bedingung, dass der Friedensprozess fortgesetzt wird. Als sich nun Indien nach dem Tsunami jegliche fremde staatliche Hilfe verbat, zugleich seine Streitkräfte mit Unterstützungsmissionen nach Sri Lanka entsandte, war dies ein starkes Signal für die Region. Dass nämlich die Waffenbruderschaft gegen die Rebellen wieder aufleben könnte.

Im indonesischen Aceh waren ebenfalls beunruhigende Signale zu vernehmen. Reporter berichteten, sie hätten südlich von Banda Aceh fernes Artilleriefeuer vernommen. Andere kolportieren, die GAM hätte Polizisten angegriffen. Die Separatisten, so war zu hören, hätten sich in den Lagern eingenistet, um Hilfsgüter für sich abzuzweigen. Handfeste Beweise blieben aus. Aber Indonesiens Armeechef, der Vier-Sterne-General Endriartono Sutarto, gab in Interviews zum Besten, die Rebellen hätten bereits Hilfstrupps attackiert. Deswegen übrigens könne er weder Helfern noch Journalisten gestatten, auf eigene Faust durch die Krisenregion zu ziehen.

Doch was zum Schutz der Ausländer gedacht ist, kann auch zur Verdunklung eigener Aktionen dienen. In den Medien Jakartas heißt es, die Rebellenbewegung sei schon während des Kriegsrechts von 10 000 auf 3000 Kämpfer geschrumpft, habe durch die Naturkatastrophe noch einmal 1000 Leute verloren. Nach dem 26. Dezember 2004 will die Armee ihre Offensive fortgeführt haben, und wieder seien 200 Rebellen getötet worden.

Wenn die Rebellen tatsächlich so geschwächt sind, wie Jakarta behauptet, warum dann jetzt Gespräche in Helsinki? Der ehemalige finnische Präsident Martti Ahtisaari, der im Mai 1999 den jugoslawischen Diktator Slobodan Milosević zur Umkehr brachte, hatte sich als Vermittler angeboten. Und immerhin schickte Indonesien gleich drei Minister und einen General, zeigte sich also willens, die Gespräche ernst zu nehmen. Aber da gab sich die Exilführung der GAM wenig konziliant. Sie wolle nur über die »Not der Menschen nach der Naturkatastrophe« sprechen, ließ ihr Chef Malik Mahmud wissen, nicht über die »politische Lage«.

Vielleicht war das nur Taktik, vielleicht wollte er sich eine gute Ausgangsposition verschaffen. Denkbar ist aber auch, dass die Führung im Exil die Kämpfer in der fernen Heimat gar nicht unter Kontrolle hat, dass nach dem Tsunami die Kontakte zu den kleinen Guerillaeinheiten abbrachen. Aus Aceh soll sich der Nachrichtenagentur Reuters zufolge ein Feldkommandant gemeldet haben, und seine Worte sprechen eine klare Sprache: »Wir kämpfen weiter für unsere Mission, Unabhängigkeit ist unser endgültiges Ziel.« Aber eine solche Maximalforderung kann von der Regierung in Jakarta nicht akzeptiert werden, eher bricht sie alle Verhandlungen ab. Zumal sich die indonesische Regierung, ähnlich der von Sri Lanka, durch die wiederbelebte Koalition mit den USA bestärkt fühlen könnte, nun endlich mit den Rebellen, wie sie es früher schon proklamiert hatte, »kurzen Prozess zu machen«. Die Amerikaner, die so schnell mit militärischer Hilfe zur Stelle waren und deren handfeste wirtschaftliche Interessen bei der Öl- und Erdgasförderung auf dem Spiel stehen, werden sicher keine allzu starken Einwände erheben, wenn das indonesische Militär unter diesen Umständen entschieden gegen fundamentalistische muslimische Separatisten vorgeht.

Auch Thailands populistisch-nationalistisch gewirkter Premier Thaksin, der aus der Flutkatastrophe durch sein beherztes Zupacken bei Rettungsarbeiten politisches Kapital schlug, könnte versucht sein, die Gunst der Stunde zu nutzen. Niemand schaut in den äußersten Süden. Auch dort könnte das Militär – mit stillschweigender Billigung der Führung in Bangkok – in Versuchung geraten, das Übel an den Wurzeln zu packen.

Naturkatastrophen haben immer wieder zu einem Zusammenrücken der Welt geführt – kurzfristig. Langfristig wurden politische Konflikte dabei nicht überwunden. Eher im Gegenteil. In den drei genannten Ländern ist es Rebellen gelungen, den Hass derer zu schüren, die sich zu Recht benachteiligt fühlen. Wenn die Hilfe nach dem Tsunami vor allem denen zugute kommt, die schon vor der Katastrophe zu den Gewinnern zählten, und die arme Bevölkerung auf lange Zeit ein Dasein in Notunterkünften fristen muss, dann steht zu befürchten, dass die Spirale der Gewalt sich nur noch weiter drehen wird.

Kapitel 6

Tourismus

Den günstigsten Flug bot Biman Bangladesh Airlines an. Für rund 1300 DM von Amsterdam nach Bangkok. Das war Mitte der achtziger Jahre, in der Zeit vor den Billig-Airlines. Den Begriff gab es noch gar nicht. Man sprach von einem »grauen Markt«, auf dem verbilligte Flüge zu kaufen waren. Wie dieser Markt genau funktionierte, blieb schleierhaft. Manche Gesellschaften hielten sich anscheinend nicht an die internationalen Kartellabsprachen und boten Tickets unterhalb der festgesetzten Preise an. Man konnte auch nicht wie heute von jedem beliebigen Flughafen starten, zu einem der großen gelangen und dann dem Fernziel entgegenfliegen. Denn die Gesellschaften mit den grauen Tickets unterhielten kein Netz von Zubringerflügen. Man musste auf eigene Faust nach Amsterdam kommen oder nach Berlin-Schönefeld, damals noch in der DDR. Was die Reisekosten natürlich erhöhte.

Pauschalangebote für Asien gab es, abgesehen von Studienreisen, auch noch nicht. Die Zeiten waren andere. Das Wort »Tourismus« war für die meisten ein Synomym für »Costa Brava« oder »Neckermann« und vor allem für junge Leute gleichbedeutend mit – spießig.

Junge Leute reisten als »Traveller« oder »Trekker«, es zog sie an einsame, mysteriöse Orte, deren Gütesiegel gerade die Unerreichbarkeit für normale Touristen war. Touristen zerstörten die Ursprünglichkeit. Sie nahmen einem die Illusion des Einzigartigen.

Also reiste man seinerzeit mit Biman Bangladesh von Amsterdam nach Bangkok – dort würde man schon sehen, wohin weiter und wie. Es war Winteranfang 1985, und auf dem Flughafen von Amsterdam weit und breit keine Maschine der Biman Bangladesh zu sehen. Und auch kein Bodenpersonal, das Auskunft hätte geben können. Stunde um Stunde verstrich, bis schließlich zu erfahren war, dass heute nicht mehr mit einer Ankunft, also auch nicht mit einem Abflug zu rechnen sei. Morgen wisse man gewiss mehr.

Inzwischen hatte man viel Zeit gehabt, sich die anderen Passagiere anzusehen, allesamt Individualreisende. Sie hatten ähnliche Ausrüstung: Rucksäcke, Tropenhüte, den Lonely-Planet-Reiseführer. Sie trugen die gleichen Klamotten, T-Shirts, leichte Baumwollhosen, Sandalen. Sie verrieten einander die unentbehrlichen Insidertipps. Die alten Hasen kannten natürlich bereits alles wie ihre Westentasche, jeden Strand von Goa bis Bali, jeden Vermieter billiger Bambushütten zwischen dem Goldenen Dreieck und Lombok. Sie hielten es so: Ein halbes Jahr – im Sommer – jobben, Geld sparen, dann ein halbes Jahr – im Winter – an einem der Traumstrände Südostasiens vor sich hin leben, eins sein mit sich selbst und der Natur.

Eine Nacht noch mussten Nieselregen und Kälte ausgehalten werden, anderntags kam dann tatsächlich eine DC-10 der Biman Bangladesh Airlines. Gerüchten zufolge war die Maschine in Rom aufgehalten worden, weil die Fluggesellschaft die fälligen Flughafengebühren nicht zahlen konnte.

Zwischenlandungen in Kopenhagen und Istanbul, umsteigen in Dhaka, achtundvierzig Stunden nach der Abreise: endlich Ankunft in Bangkok.

Von dort gab es Flüge nach Phuket. Überraschenderweise in Airbus-Großraumjets. Die Stewardessen grüßten jeden Fluggast mit gefalteten Händen, schenkten einem eine kleine Orchidee. Auf

Phuket war schnell ein Hotel gefunden, herrlich gelegen direkt in einer Bucht. Die Zimmer waren einzelne Bambushütten. Zum Essen gab es abwechselnd italienische, französische und thailändische Gerichte. Alles war gut, ja, luxuriös, trotzdem preiswert. Aber dies war nicht, was man gesucht hatte: die Einsamkeit, der Strand, der einem allein gehörte.

Am nächsten Tag also weiter, mit dem Motorboot zu einer kleinen Insel in der Andamansee, einer Insel mit dem merkwürdigen Namen Phi Phi. Auch dort stand schon ein High-Class-Hotel, auf Stelzen direkt im Meer. Hundert Dollar die Nacht, unerhört. Man suchte einen Losmen, der billige Hütten oder ein Zimmer vermietet, erfuhr, dass der im Lonely-Planet-Führer empfohlene völlig ausgebucht war, fand einen anderen, außerhalb des kleinen Orts.

Ein langer Strand, sechs, sieben Hütten, der Traum schien in Erfüllung gegangen zu sein. Aber auch hier waren alle Hütten belegt. »No problem«, sagte der Losmen, ging mit zwei Helfern in das Dickicht, schlug Bambus, stellte binnen einer Stunde eine neue Hütte auf. Zehn Dollar am Tag, zu essen gab es für ein paar Cents mehr, Ananas, Kokosnuss, Reis, Eier, frischen Fisch. Vor dem Strand ein Korallenriff, beim Schnorcheln war es, als flöge man über die Schwärme bunter Fische. Tagein, tagaus nichts anderes tun als essen, schlafen, schwimmen, schnorcheln. Es gab noch keine Diskos, keine Bars und Tauchclubs.

Für die richtigen Traveller war Phi Phi gleichwohl schon durch. Sie reisten nach Ko Samui im Golf von Thailand, dem neuen Geheimtipp, wo noch kein Hotel stand. Ihnen folgten die Individualreisenden, die auch keine Touristen sein wollten. Und so wie sie ihren engsten Freunden unter dem Siegel der Verschwiegenheit von Phi Phi erzählt hatten, erzählten sie dann von Ko Samui.

Und so ähnlich ging es überall in der Region: Sri Lanka, Südindien, Bali, Lombok, die Philippinen, Malaysia – überall lockten Traumstrände, die angeblich noch niemand betreten hatte. Und jeder, der dorthin kam, gab seine Geheimtipps weiter, die fast zur selben Zeit in Dutzenden von Reiseführern veröffentlicht wurden.

Die Sehnsucht nach der Einsamkeit, allenfalls Zweisamkeit, unter Palmen, auf heißem weißen Sand, in einem Bungalow aus Bambus – sie war so groß, dass sich innerhalb weniger Jahre hier in dieser scheinbar abgeschiedenen Region ein neuer Massentourismus entwickelte.

Plötzlich gab es Direktflüge von Europa nach Phuket, von dort feste Fährverbindungen nach Phi Phi. Die Flugpreise sanken so drastisch, dass der graue Markt verschwand. Bald konnte man für 1000 Euro eine Woche Phuket buchen, alles inklusive, noch billiger kommt weg, wer einfach nur den Flug bezahlt, der heute etwa 500 Euro kostet, und sich vor Ort eine Unterkunft sucht. Frischvermählte aus den USA kamen auf die kleine Insel in der Andamansee zum Honeymoon, deutsche Aussteiger eröffneten Biergärten, französische Wassersportler internationale Tauchstationen.

Und die Illusion von der unberührten Insel, sie hielt. Alex Garland trug sie mit seinem Aussteigerroman *Der Strand* an Hundertausende heran.

Die Verfilmung mit Leonardo DiCaprio in der Hauptrolle erweckte den Eindruck, es gebe wirklich noch völlig abgeschiedene Lagunen, nur durch einen gewagten Sprung von einer Klippe und durch einen Wasserfall hindurch zu erreichen.

Die richtigen Traveller zieht es heute auf die Kapverdischen Inseln, nach Mittelamerika und in die wenigen nicht von Bürgerkriegen erschütterten Staaten im Süden Afrikas.

Auf Phi Phi, wo *The Beach* gedreht wurde, wusste man schon nicht mehr, wohin mit dem Abwasser. Phuket zog das Nachtleben von Bangkok an: Bordelle, Transvestiten, Table Dancing, Kampfsaufen. Raver ließen sich nächtens mit Schnellbooten zu abgelegenen Stränden fahren, wo Techno-Klänge aus haushohen Lautsprecherboxen die schwüle Südseeluft zum Pulsieren brachten.

Khao Lak entstand, hundert Kilometer nördlich von Phuket, ein großes neues Erholungsgebiet für den gehobenen Tourismus. Mangrovenwälder fielen, auf einst unberührten Stränden wurde in Reih und Glied Liege neben Liege aufgestellt. Auf Sri Lanka ließen sich Rentner aus Europa nieder. Auf den Malediven entwickelte der Luxustourismus neue Finessen, etwa das vom Banyan Tree Hotel bereitete Fünf-Gänge-Dinner auf einer Sandbank: Entenleberpastete, Spargel, Austern, Hummer und Käse, Champagner, alles eingeflogen aus Europa. Und kurz vor der Tsunami-Katastrophe im Dezember 2004 kündigte Indien überraschend an, die bisher streng gesperrten Andamanen und Nikobaren für den internationalen Tourismus zu öffnen.

Ayurveda-Kuren auf Sri Lanka, Elefantenritte in Khao Lak, Paragliding auf Penang, das war nun nichts Besonderes, nichts Exklusives mehr, mochten die Prospekte auch noch so viel versprechen.

Und doch: die Illusion blieb – und brachte immer mehr Menschen an die Küsten, die zwanzig Jahre zuvor nur ein paar Traveller kannten. »Früher« ist denn wohl auch eins der am meisten verwendeten Wörter, wenn heute Reisende anderen Reisenden etwas vorschwärmen. »Früher, als die Fischer einen noch zum Essen einluden …« »Früher, als wir hier noch unter Palmen schliefen …« »Früher, als hier noch keine Tauchstationen waren …« Früher war alles besser, und die beschwerlichen Flüge wie jener mit Biman Bangladesh Airlines waren Abenteuer.

Touristen sind die konservativsten Menschen der Welt. Sie wollen, dass alles so bleibt wie es war, als sie den Ort ihrer Träume zum ersten Mal betraten. Die Einheimischen sollen in pittoresker Armut verharren. Und andere Touristen sind grundsätzlich die falschen Touristen, die, die alles zerstören.

Was ist Urlaub aber anderes als ein Ausstieg aus dem Alltag, aus einer allzu oft als drückend empfundenen Realität? Reisen sind

Träume, sind Fluchten. Nur selten holt einen im Urlaub die Wirklichkeit ein. Die Flutwelle vom 26. Dezember zerstörte diese Illusion auf grausame Art und Weise. Die Wirklichkeit ist kein Traum, sondern immer auch Gewalt und Zerstörung, und das All-inclusive-Ticket ist nur scheinbar der Freibrief, um dieser Wirklichkeit zu entfliehen.

Nach dem Tsunami wurde in aller Welt nicht nur Mitleid mit den Opfern bekundet, sondern im Hinblick auf die Touristen waren auch anklagende Töne zu hören. Am unverhohlensten von islamistischen Predigern, die mehr oder minder direkt auf den Sextourismus in Thailand anspielten, eine Form des Urlaubs, dem beileibe nicht nur europäische Männer, sondern ganze Heerscharen von Arabern frönen.

»Diese großen Tragödien und kollektiven Strafen, die Dörfer zerstören, Ortschaften, Städte und ganze Länder, sind Strafen Allahs, selbst wenn die Menschen in diesen Ländern Muslime sind«, wetterte der saudische Professor Fawzan al-Fawzan, Lehrer an der Al-Imam-Universität in einem TV-Interview: »Wir wissen, dass an diesen Urlaubsorten, die leider in islamischen und anderen Ländern Südasiens zu finden sind, Unzucht und sexuelle Perversion wuchern.«

Ähnlich Scheich Yousuf al-Qaradawi. »Das Erdbeben ereignete sich in einer Touristenregion. Alkohol, Drogen und andere Abscheulichkeiten sind hier weit verbreitet. Selbst Kinder werden für sexuelle Perversionen missbraucht«, zürnte er im Fernsehen von Katar, um ernsthaft die Frage zu stellen: »Verdienen sie nicht die Strafe Allahs?«

Differenziertere Kritik am Massentourismus kam aus dem Westen. »Das touristische Interesse an exotischen Regionen scheint der Wertschätzung der dort lebenden Menschen diametral entgegengesetzt zu sein«, schrieb der Schriftsteller Frank Schätzing in der *ZEIT*. Er forderte die »industrialisierten, wohlhabenden und politisch stabilen Nationen« auf, Verantwortung zu übernehmen für die Welt »da unten« oder »dahinten«: »Gut genug, um ihre Strände zu okkupieren, ist sie uns. Aber dann, bitte schön, sollte sie uns auch das Engagement wert sein, ihre Sicherheit zu fördern. Die Sicherheit der Einheimischen, wohlgemerkt, nicht nur der Touristen!«

Schätzing klagt die Industrienationen an, meint deren Touristen. Touristen eignen sich als Sündenbock. Aber es bleibt die Frage: Ist der Massentourismus vor allem ein Übel? Oder ist er nicht auch eine Hilfe für die Länder »da unten«, »dahinten«?

Ohne Touristen wären gerade diese Länder noch in einem Zustand, den Touristen zwar als »authentisch«, als »echt« und »ursprünglich« bezeichnen würden, der für die Einheimischen aber bedeutete, dass sie in Armut und technologischer Rückständigkeit lebten. Man muss von Thailand aus nicht weit reisen, um zu sehen, was das bedeutet. Das fremdenfeindliche Regime in Myanmar hat sich bis vor kurzem weitgehend gegen den Tourismus gesperrt. Zu jener Zeit, als Phi Phi noch ein echter Geheimtipp war, war auch dieses Land, das sich damals noch Birma nannte, ein Dorado für Traveller. Für weniger als zwanzig Dollar konnte man dort eine Woche verbringen, ein längerer Aufenthalt war ohnehin nicht erlaubt. Man flog mit Thai Airways von Bangkok nach Rangun, der Hauptstadt des mysteriösen Nachbarlandes. Wenn man geschickt vorging, konnte man seine Dollar schwarz tauschen oder in Devisenshops »Nützliches« – wie Bier, Lippenstift oder Waschmittel – kaufen und diese Dinge dann wieder gewinnbringend verkaufen. So ließ sich spielend eine Woche fürs Hotel und Essen finanzieren, sogar die Fahrt mit dem Zug von Rangun nach Mandalay war mit diesen zwanzig Dollar zu bezahlen.

In der kulturellen und spirituellen Hauptstadt am Irawady war die Zeit stehen geblieben. Am meisten überraschte das völlige Fehlen jener Geräuschkulisse, die uns im Westen permanent zu umgeben pflegt. Nirgendwo plärrten Fernseher oder Radios, es fuhren keine Autos auf der Hauptstraße, es knatterten keine Mopeds umher – und das in einer Stadt mit bestimmt einer halben Million Einwohner. Das lauteste Geräusch war das Blöken von Wasserbüffeln, das häufigste das Keuchen der Fahrer von Fahrradrikschas.

Man fühlte sich um Jahrhunderte zurückversetzt. So muss sich das Mittelalter angehört haben. Aber abends, vor einem Imbissstand, sprachen einen ein paar junge Männer an, stellten Fragen, mit denen man ganz und gar nicht gerechnet hatte, Fragen, die zeigten, dass auch diese jungen Männer Kinder der Moderne waren. Sie wollten wissen, welcher Typ von BMW zu bevorzugen sei. Sie kannten die Modelle und die Nummern der Reihen. Sie wussten, wie die deutschen Autos ausgestattet sind, waren kundig bis in das letzte Detail von Hubraum, Beschleunigung, Bespannung der Sitze.

Auch Myanmar hat sich heute ein ganzes Stück geöffnet, hat Touristen und westliche Produkte hereingelassen. Damals, das war sicher, fuhr niemand BMW in Mandalay. Die jungen Leute kannten die Autos nur vom Hörensagen. Aber sie wollten einen Wagen besitzen, irgendwann, und am liebsten einen BMW.

Die Macht des Konsums ist omnipräsent. Sie treibt auch die Wanderarbeiter aus Myanmar an, die sich an Thailands Stränden verdingen, und auch die jungen Frauen, die ihren Körper in den zahllosen Sexschuppen verkaufen. Die Sehnsucht, Teil der besitzenden Welt zu sein, sie ist alles andere als verdammenswert. Sie ist eine Sehnsucht nicht unähnlich der Sehnsucht der Touristen nach einem eigenen kleinen Stück Strand, nach einem Bungalow am Meer.

Phi Phi hatte damals etwas Unschuldiges. Es gab keine Touristen. Aber es gab auch keine Einheimischen. Wer hat wen gerufen? Wer hat von wem profitiert? Wer hat veranlasst, so nahe am Meer zu bauen, dass eine Flutwelle ganze Hotelanlagen verschlingen konnte? Es ist zu einfach, die Kritik an der widersprüchlichen Situation, in der sich der Tourismus befindet, allein gegen die Touristen zu richten. Sie sind nicht Übeltäter, sie stehen indes im Zwiespalt, fragen sich, darf man so reisen, darf man eine fremde Welt verändern?

Nach dem Tsunami wurde die Frage erneut gestellt, jetzt in verschärfter Form: »Baden neben Leichen?«, überschrieb die *Süddeutsche Zeitung* ein Interview mit Weihbischof Engelbert Siebler zum Thema »Urlaub in der Region«. Siebler ist selber Tourismusmanager, Präsident eines Reiseveranstalters mit besonderer Verantwortung und moralischer Verpflichtung: des Bayerischen Pilgerbüros e.V. Ob man in vom Seebeben betroffenen Gebieten Urlaub machen dürfe, wenn womöglich in der Nähe noch Tote lägen, wollte die Zeitung wissen. Die Antwort des Bischofs ist vielsagend, führt die ganze Widersprüchlichkeit der Situation vor Augen. »Ich persönlich würde es nicht tun«, sagte er, um fortzufahren, »aber objektiv betrachtet, hätte ich keine Bedenken.« Die *SZ* hakte nach: »Das heißt, Sie befürworten es auch, wenn sich Urlauber jetzt auf den Weg machen, etwa nach Phuket?« Siebler konnte sich nur wiederholen: »Ich persönlich würde nicht fahren, aber es nicht moralisch verwerflich finden, dort Urlaub zu machen.«

Aber wenn der Hirte Bedenken hat, warum soll die Herde dann frei von ihnen sein? Der Bischof machte geltend, dass der Tourismus ein Segen für die Region sei: »Ganze Dörfer leben von Urlaubern. Deshalb darf der Tourismus dort nicht zusammenbrechen.« Urlaub am Katastrophenstrand ist also legitim, weil er eine Hilfe ist.

Die Einheimischen sehen es wohl ähnlich. Christine Moellhoff berichtete in der *Neuen Zürcher Zeitung* über den Rikschafahrer Lakmal in Sri Lankas Ferienort Bentota. »Keine Touristen, kein

Geld«, sagt er, einer von einer Million Menschen auf der Insel, die vom Tourismus leben. Lakmals Bruder war Kellner, hat ebenfalls sein Einkommen verloren. Vom Erwerb der Brüder hingen auch die Mutter und zwei ledige Schwestern ab.

Michael Allmaier berichtete in der *ZEIT* über die deutschen Urlauber Hannelore und Manfred aus Duisburg, die einzigen Gäste im unversehrten Holiday Inn Phi Phi. Ein Zeichen wollten sie setzen. »Statt spenden hierherkommen«, habe Manfred fröhlich erklärt. »Tatsächlich«, so Allmaier, »ist das verdiente Geld weit willkommener als das geschenkte.«

Es gebe nun einen neuen Typ von Reisenden, den »Goodwill-Touristen«, der zugleich helfen und sich erholen will. Hannelore und Manfred seien ihrer Zeit voraus.

Das waren die ersten Traveller, die nach Phi Phi kamen, damals auch.

Kapitel 7

Warnung

Albert Gore, amerikanischer Vizepräsident unter Bill Clinton, hat sich zu Beginn seiner Amtszeit für den Schutz der Umwelt stark gemacht. 1993 schrieb er ein viel beachtetes Buch: *Wege zum Gleichgewicht. Ein Marshall-Plan für die Erde.* Zu Beginn seiner zweiten Amtszeit, also im Jahr 1996, kamen auf Initiative der Central Intelligence Agency (CIA) verschiedene amerikanische Behörden zusammen. Diese wiederum trugen einen Plan für ein »Fusion Center«, eine Zentralstelle Katastrophenschutz, an Gores Sicherheitsberater Leon Fuerth heran. Nach dem üblichen Hin und Her zwischen den verschiedenen Dienststellen, dem Abklopfen von Absichten und Interessen, wurde aus der Idee ein förmlicher Vorschlag. Fuerth sollte, mit Zustimmung des Vizepräsidenten, ein »Global Disaster Information Network« schaffen, ein weltumspannendes Informationsnetzwerk für Katastrophen.

Über das Internet sollten Krisenstäbe überall in der Welt in die Lage versetzt werden, sich auf Katastrophen vorzubereiten und, falls sie sich ereigneten, schnell und wirksam zu reagieren.

1998 ergab sich erstmals die Möglichkeit, das Informationssystem unter echten Einsatzbedingungen, wenn auch noch auf sehr niedrigem technischen Niveau, zu testen. Beim Hurrikan Mitch, der über Honduras und Nicaragua hinweggefegt war, konnten Informationen gesammelt werden. Gemeinsam mit den Russen wurde das System ausprobiert, man simulierte ein Erdbeben und eine Umweltkatastrophe im Ölfördergebiet auf der Insel Sachalin.

So hätte dieses Informationssystem funktionieren können: Im Falle eines Erdbebens wie jenem am 26. Dezember 2004 vor Sumatra wären Links im Internet aktiviert worden, die wiederum automatisch E-Mails, Faxe und Telefonnachrichten verschickt hätten. Diese wären an Katastrophenschutzkräfte in allen möglicherweise betroffenen Gebieten gegangen. Polizeistationen, Feuerwehren, Rettungskräfte wären alarmiert gewesen. Sie wiederum hätten – und sei es mit den einfachsten Mitteln wie Glocken oder Megaphonen – große Bevölkerungsgruppen warnen können. Abertausende hätten sich in Sicherheit bringen können.

Überdies war vorgesehen, nach einem Unglück über das Netzwerk zu einer schnellen Bestandsaufnahme der Schäden zu kommen, erste Hilfe und Rettungsmannschaften so zu koordinieren, dass sie in kürzester Zeit zu den Stellen gelangen können, wo sie am dringendsten gebraucht werden.

Kurzum, das Netzwerk war gedacht als ein Krisenmanagementsystem, das es ermöglichen sollte, weltweit Warnungen zu versenden und Soforthilfe zu leisten. Es sollte die Katastrophenvorhersage erheblich verbessern. Es war sogar vorgesehen, hochsensible Tsunami-Detektoren auf dem Grund des Indischen Ozeans zu installieren.

Das Global Disaster Information Network kam tatsächlich zustande. Aber nur als minimale Lösung, als ein Diskussionsforum für Katastrophenschutzkräfte im Internet. Aus dem großen Entwurf wurde nichts. Das hatte politische Gründe. Albert Gore plante seinen Wahlkampf für das Jahr 2000. Er wollte Bill Clinton im Amt nachfolgen. Er fürchtete, die Förderung eines solchen Netzwerks könnte seine Wahlchancen schmälern. In den USA herrschte die Meinung vor, zu viel Umweltschutz schade den eigenen Interessen. Internationale Verpflichtungen gerade auf diesem

Feld wurden nicht nur von Republikanern als Ausverkauf, als unnötige Preisgabe nationaler Rechte, abqualifiziert. Die Regierung Clinton unternahm nicht einmal den Versuch, im Etat Geld für das Vorhaben vorzusehen.

Es wurde lediglich ein kleiner Betrag aus frei verfügbaren Haushaltsmitteln verwendet, um eine internationale Konferenz abzuhalten. Sie führte zu der Einrichtung der Webseite. Eine Zeit lang wurde bei der CIA überlegt, ob aus Geheimdienstinformationen auch Erkenntnisse für die Analyse von Naturereignissen gewonnen werden könnten. Doch bald versagte der von den Republikanern beherrschte Kongress die weitere Finanzierung.

Auch ein zweites Vorhaben zum Schutz der Menschheit bei Katastrophen scheiterte. Zu Beginn von Clintons zweiter Amtszeit war ein Environmental Intelligence Center eingerichtet worden. Auch dort wurde erforscht, ob sich Geheimdienstinformationen für den Katastrophenschutz auswerten ließen. Diesem Projekt wurde ebenfalls der Geldhahn zugedreht.

Nach dem Tsunami erinnerte sich Leon Fuerth an die Initiativen, an die vertanen Chancen. »Das weltweite Versagen in Sachen Früherkennung und Prävention hatte nicht nur technische Gründe«, sagt er, »es fehlte der politische Weitblick.«

Der Gedanke, Spionage und Katastrophenschutz zu verbinden, mag auf den ersten Blick sonderbar erscheinen. Aber genau das wird bereits getan. Die Dinge werden nur nicht so beim Namen genannt. Es gibt ein anderes funktionierendes, weltumspannendes System, mit dem militärische Geheimnisse präzise ausgeforscht und zugleich Naturereignisse erkannt werden. Das ist weniger mysteriös, als es sich anhört.

Werfen wir zunächst einem Blick zurück in die Zeit des Kalten Kriegs. Unversöhnlich standen sich der Ostblock und der Westen gegenüber. Die Nuklearmächte – damals vorgeblich nur Großbritannien, Frankreich, die Sowjetunion und die USA – waren auf schon absurde Weise hochgerüstet, und in der englischsprachigen Welt nannte man es denn auch mad. Das bedeutet bekanntlich ver- rückt, wütend. Verrückt war dieses atomare Wettrüsten in der Tat. Aber »mad« war lediglich ein Akronym und stand für »*m*utual *a*ssured *d*estruction«. Das heißt so viel wie »gegenseitig gesicherte Zerstörung«. Es war nur eines von vielen Akronymen der Atom- wissenschaftler und Nuklearstrategen damals, die der Meinung waren, nur sie verstünden die Logik des Systems. Die Logik des »mad«? Jeder hat so viele Bomben und noch viel mehr, dass der Gegner sicher sein kann, ausgelöscht zu werden, wenn er angreift. Aber Genaues darf der Gegner nicht wissen.

Das absurde Aufrüsten stieß bald an seine Grenzen. Wenn man schon das ganze System nicht aufgeben wollte, dann wollte man wenigstens das Tempo der Aufrüstung drosseln. Aber wo mit der Reduzierung anfangen? Frühere Rüstungskontrollabkommen hat- ten zum Beispiel die Zahl der Raketen auf ein bestimmtes Höchst- niveau festgesetzt. Aber das umgingen die Techniker, indem sie jede Rakete mit Mehrfachsprengköpfen versahen, und so ergaben weniger Raketen dennoch mehr Atombomben. Mad, in der Tat.

Weniger verrückt war der Vorschlag, Atomtests zu verbieten. Keine neuen Tests, das bedeutete: Keine neuen Typen von Atom- bomben. Außerdem hatte dieser Vorschlag etwas Bestechendes: Es war überprüfbar und dies, ohne Inspektionen im Land des Gegners vornehmen zu müssen. Denn: Atombombentest, unterirdische zumal, bleiben nicht unbemerkt. Sie lassen sich noch auf der ande- ren Seite der Welt exakt messen. Einem Erdbeben nicht unähnlich. Zwar schlägt die Nadel auf dem Seismographen bei einem Atom- test anders aus – bei einer Nuklearexplosion erfolgt sofort ein hef- tiger Ausschlag, dann folgen kleinere Ausschläge; beim Erdbeben machen sich erst leichte, dann immer stärkere Ausschläge bemerk- bar –, aber die Nadel ist unbeirrbar.

Die damaligen Atommächte hielten ein De-facto-Moratorium für Atomtests ein – nur Frankreich sündigte –, aber es dauerte noch lange, bis die Sache festgezurrt wurde in einem Vertrag. Erst 1996, lange nach dem Ende des Kalten Krieges, kodifizierten die Vereinten Nationen das Moratorium im »Comprehensive Test Ban Treaty«, dem Teststoppabkommen. Dieser Vertrag wird überwacht, von einer internationalen Behörde in Wien mit dem sperrigen Namen »Preparatory Commission for the Comprehensive Nuclear Test Ban Treaty Organisation« (CTBTO).

Die Dinge sind im Fluss, daher nur die Vorbereitung für eine Organisation, die auch »UN-Behörde zur Überwachung unterirdischer Kernwaffenversuche« genannt wird. Ende 2004 hatte sie schon 89 Mitglieder, die Kommission betrieb 140 Messstationen rund um den Globus. Am Ende sollen es 170 Stationen sein, die Schockwellen im Gestein der Erdkruste messen. Dazu sollen elf Stationen Explosionen in den Ozeanen feststellen, 80 Radioaktivität in der Atmosphäre »riechen«, 60 laute Geräusche »hören«. Alles zum Aufspüren von Atomtests. Indien und Pakistan sind schon erwischt worden, Iran und Nordkorea stehen unter schärfster Beobachtung.

Was hat das mit Tsunamis zu tun? Die Stationen »spüren« natürlich auch Erdbeben. Die Erschütterungen durch natürliche seismische Vorgänge lassen die Nadeln ständig ausschlagen. An einem gegebenen Tag registrierten sie 147 Ereignisse. Die meisten von diesen wurden übrigens in Indonesien gemessen. Der gegebene Tag war der 25. Dezember 2004. Das Netzwerk hatte die Vorboten des Mega-Tsunami vom folgenden Tag registriert. Aber niemanden direkt gewarnt. Die in Wien ansässige Behörde ist darauf nicht eingerichtet. Sie soll ja vor allem Atomwaffenversuche melden. Auch wenn ihre Erkenntnisse der Erforschung der Erde, der ständigen Bewegungen der Platten, der Erdbeben und Vulkanausbrüche zugute kommen, so fehlt es doch an einem Bindeglied zu einem Katastrophenwarnsystem, wie es etwa Leon Fuerth seinerzeit entwickeln wollte.

Und angesichts des erwarteten neuen atomaren Wettrüstens in Asien ist auch schwer vorstellbar, dass die Wiener UN-Behörde mit einer noch zu bildenden internationalen Katastrophenschutzorganisation am Indischen Ozean zusammenwächst. Das Prinzip des »mad« würde ja untergraben, wenn die Gegner einander gleich die Evakuierungspläne mitlieferten.

Vielleicht wird der Gedanke, ja, die politische Vision, das weltweite Netzwerk zu nutzen, um bei zukünftigen Naturkatastrophen früher warnen und schneller helfen zu können, immer Vision bleiben.

Immerhin: Indien hat drei Tage nach dem Tsunami angekündigt, es werde sein eigenes Warnsystem aufbauen, unabhängig von dem existierenden »Pacific Rim System«, dem um den »Feuerring« am Pazifikrand bestehenden System, dem die meisten Anrainer angehören. Bereits am Mittwoch, dem 29. Dezember 2004, äußerte Indiens Minister für Wissenschaft und Forschung, sein Land werde binnen zweieinhalb Jahren ein Frühwarnsystem zum Preis von 1,25 Milliarden Rupies, etwa 40 Millionen Euro, einrichten. Die Politik des Alleingangs passt zu der Weigerung Indiens, nach dem Tsunami fremde staatliche Hilfe in Anspruch zu nehmen, passt auch zu den Hilfsleistungen indischer Streitkräfte für Sri Lanka. Das Milliardenvolk auf dem Subkontinent will sich als regionale Macht durchsetzen, militärisch, wirtschaftlich, technologisch.

»Wir haben die Gelder bereits bewilligt, wir haben die Kapazitäten«, beschwor denn auch der indische Repräsentant K. Radhakrishnan, die Teilnehmer der Tsunami-Konferenz im japanischen Kobe. Auf dieser Konferenz Ende Januar 2005 zeigte sich ebenfalls, dass es um das Zusammenrücken der Welt nicht so gut bestellt ist, wie es die große internationale Hilfswelle suggerierte. Die Staatengemeinschaft war sich einig in Kobe, dass ein Frühwarnsystem im Indischen Ozean vonnöten sei. Eine Einigung über das Wie und Wann kam aber nicht zustande.

Doch sehen wir uns ein wenig genauer an, wie so ein Warnsystem funktioniert, etwa das bestehende des Wetterdienstes »National Oceanic and Atmospheric Administration« der Vereinigten Staaten oder das der Meteorologischen Behörde Japans:

Drei voneinander unabhängige Systeme müssen jedes für sich und gemeinsam störungslos und blitzschnell arbeiten.

Seismologische Messungen: Da die meisten Tsunamis Folgen von Seebeben sind, muss dauerhaft weltweit die Seismizität gemessen werden. Genau das tut das System Iris, das von einer Reihe amerikanischer Universitäten betrieben wird. Das tut auch das Netzwerk der Wiener UN-Behörde. Beide erfassen auch den vollständigen Raum des Indischen Ozeans. In kürzester Zeit können sie das Epizentrum jedes stärkeren Bebens irgendwo auf der Welt orten. Für die Voraussage eines Tsunami ist noch eine andere Messfähigkeit unerlässlich. Da die Wellen, wie beschrieben, durch vertikale Bewegungen des Meeresbodens entstehen, müssen diese Aufs oder Abs registriert werden. Auch das können die vernetzten Systeme der amerikanischen Universitäten und der UN.

Unmittelbar auf die seismischen Messungen müssen ozeanografische folgen. Am weitesten verbreitet sind Pegelstandsmesser in den Häfen am Pazifik. Steigende Pegelstände zeigen die Wellen an, allerdings erst zu einem relativ späten Zeitpunkt. Die Japaner experimentieren deshalb mit Tsunami-Sensoren, die am Meeresboden kleinste Druckveränderungen registrieren. Das Land, das am häufigsten von Tsunamis heimgesucht wird, will sein Warnsystem so weit aufrüsten, dass zukünftig in drei bis vier Minuten nach einem Beben Gefahren vorausgesagt werden können.

Die Amerikaner entwickeln vor ihrer Westküste und im Golf von Alaska ebenfalls ein hochmodernes System namens Dart, für »Deep Ocean Assessment and Reporting«. Es besteht aus Bojen, die am Meeresboden befestigt sind. Sensoren messen, wie beim japanischen System, seismische Bewegungen am Meeresboden und Wellenbewegungen an der Wasseroberfläche. Diese Daten werden über Satelliten zu den Bodenstationen in Hawaii und Alaska geschickt, bei denen auch die anderen seismographischen Daten analysiert werden.

Sobald die Zentrale einen Tsunami registriert hat, rechnen Computer anhand von Modellen aus, wann er wo eintreffen wird.

Eine Weiterentwicklung kann durch die Navigationssatelliten-Systeme möglich werden. Das amerikanische GPS-System und das im Aufbau befindliche Galileo-System sind technisch in der Lage, Tsunamis von normalen Wellen zu unterscheiden.

Nachrichtenübermittlung: Sobald einigermaßen verlässliche Informationen über die Verbreitung eines Tsunami vorliegen, werden diese per Fax, Internet und Telex an die Katastrophenschutzzentren weitergeleitet. Die amerikanischen Streitkräfte helfen dabei, auch die Weltorganisation für Meteorologie. Hier liegt einer der Schwachpunkte der vorhandenen Systeme. Wie sich bei dem Weihnachtsbeben zeigte, genügt ein allgemeiner Warnhinweis im Internet nicht. Aber auch wenn die Nachrichtenübermittlung, wie in dem Pazifiksystem, über eingespielte Kanäle läuft, reichen die Warnzeiten nicht aus. Der Umweg über die Zentrale in Honolulu ist lang, es geht zu viel Zeit verloren für die Regionen, die nahe am Epizentrum liegen.

Das Beben vor Sumatra verdeutlichte, mit welch einem Problem man zu kämpfen hat. Die Welle erreichte die Küste in zirka zehn Minuten, es dauerte aber zirka 12 Minuten, bis das Erdbeben – die seismische Welle – von Messstationen in Europa registriert wurde. Wegen der großen Ausbreitungsgeschwindigkeit von Tsunamis haben schon seit langem Australien und Japan eigene Warnsysteme eingerichtet, später auch Chile und der amerikanische Bundesstaat Alaska. So können die Warnmeldungen direkt an die Einsatzkräfte der nahe liegenden Küsten gehen, der Übermittlungsprozess auf Minuten verkürzt werden.

Im Gebiet des Indischen Ozeans müssten sinnvollerweise zusätzlich zu einem zentralen Warnsystem mehrere regionale eingerichtet werden.

Katastrophenschutz und Aufklärung: Sobald die Tsunami-Warnungen die lokalen Behörden erreicht haben, müssen diese die Bevölkerung effektiv informieren. Das geht mit Sirenen, Radio- und Fernsehmeldungen. Auch dazu bedarf es eines eingespielten Verfahrens. Die Sendestationen müssen Katastrophenschutzmeldungen vorbereitet haben. Es müssen Evakuierungsrouten ausgeschildert sein. Die Gewarnten müssen wissen, was die Meldungen bedeuten und was zu tun ist.

Auf Hawaii, wo das vorbildliche Frühwarnsystem aufgebaut wurde, nachdem 1946 und 1960 zwei Tsunamis die Stadt Hilo verwüstet hatten, warnen Radiosprecher: »Wenn Sie sich an der Küste aufhalten, begeben Sie sich ins Landesinnere!«, an den Stränden fliegen Helikopter der Küstenwache, ordnen über Lautsprecher an: »Verlassen Sie den Strand!« Alle Fernsehstationen unterbrechen ihr Programm. Auf Pazifikkarten zeigen Meteorologen den Ort des Bebens und den Weg, den die Welle nehmen wird. Karten in den Gelben Seiten der Telefonbücher geben die Evakuierungsgebiete an, die sofort zu verlassen sind, wenn der »Tsunami Watch« zum »Tsunami Warning« heraufgestuft wird. In Gebäuden wird informiert, ob sie sich zur »vertikalen Flucht« eignen, ob sie also so solide gebaut sind, dass man in den oberen Etagen Schutz finden kann. An den Schulen werden regelmäßig Tsunami-Evakuierungen geübt.

Ähnlich ausgerichtet sind die Katastrophenschutzpläne in

Japan. Im Sommer 1993 schlug eine außerordentlich hohe Tsunamiwelle – dreißig Meter – auf Hokkaido auf. Seither ist das japanische System noch deutlich verbessert worden. Gut hundert Sensoren messen die Wellenschläge an den Küsten, auch per Ultraschall. Die Informationen über 100 000 Erdbeben sind in einer Datenbank gespeichert, welche dann mit den Informationen über ein aktuelles schweres Seebeben abgeglichen werden. Per Simulation lassen sich die Wellenform, die Höhe und der Aufprallzeitpunkt des Tsunami berechnen. Um die Bevölkerung zu alarmieren, ist das Warnsystem weitestgehend automatisiert. Die Rechner der Meteorologiebehörde geben ihre Informationen über die drohende Gefahr auf Standleitungen an die Gemeindeverwaltungen, Polizei, Feuerwehr und Küstenschutz. Auch die Massenmedien sind eingeschaltet. Automatisch werden die Gefahrenhinweise in die laufenden Programme eingespielt.

Von einem solchen System vorbeugender Maßnahmen sind die Anrainer des Indischen Ozeans noch weit entfernt. Dabei bietet selbst die einfachste Aufklärung schon einen gewissen Schutz. Hätten die Opfer des Weihnachtsbebens gewusst, was es bedeutet, wenn sich das Meer so extrem zurückzieht, dann hätten sie die Zeitspanne – mancherorts bis zu zwanzig Minuten – bis zum Eintreffen der Welle nutzen können, um sich in Sicherheit zu bringen.

1948 wurde mit der Einrichtung des pazifischen Warnsystems begonnen, aber allein zum Schutz der US-Bevölkerung. Erst 1965 begann der Ausbau zum multinationalen System. Damals fehlte es noch an den präzisen Messtechniken und den schnellen Kommunikationsmöglichkeiten von heute. Dank des technischen Fortschritts könnte es heute weit schneller gehen, bis ein Frühwarnsystem für den Indischen Ozean steht. Wenn der Wille auch zur politischen Kooperation besteht. Aber gibt es diese Weitsicht?

Unter dem unmittelbaren Eindruck der Katastrophe zeigten sich viele guten Willens. Thailands Premier Thaksin entließ den bisherigen Leiter des Meteorologischen Dienstes, Suparek Tansriratanawong, und ersetzte ihn durch Smith Tumsaroch. Tumsaroch soll nun ein Warnsystem für Thailand aufbauen, das nicht nur auf drohende Tsunamis, sondern auch auf Stürme und Überschwemmungen im Inland aufmerksam macht. Die Neubestellung verdankt sich nicht nur der üblichen Abstrafung eines Sündenbocks. Sie zeigt auch die Bereitschaft zum Umdenken. Tumsaroch leitete nämlich schon einmal den Dienst. Und in dieser Eigenschaft warnte er vor den Tsunami-Risiken an der Südwestküste, schlug ein Warnsystem für Phuket, Phang Nga und Krabi vor, die drei Provinzen, die Weihnachten 2004 am härtesten getroffen wurden. Das war 1997. Tumsaroch wurde für verrückt erklärt. Sein Gerede schrecke Touristen und Investoren ab, hieß es damals. Er wurde ins Abseits gedrängt. Als der Premier ihn wieder an die Spitze des Dienstes setzte, machte er ihn auch zu seinem persönlichen Berater.

Colin Powell hatte bei seinem Besuch in Thailand unmittelbar nach der Katastrophe auch US-Hilfe beim Aufbau eines Warnsystems versprochen. Der deutsche UN-Botschafter Gunter Pleuger versprach seinerseits den Anrainern finanzielle Unterstützung und technisches Know-how. Auf dem Krisengipfel in den ersten Januartagen 2005 in Jakarta wurde beschlossen, ein regionales Tsunami-Warnsystem im Indischen Ozean und der südostasiatischen Region einzurichten. Allerdings wurde weder die Finanzierung gesichert noch ein Zeitplan aufgestellt.

Das technische Know-how aus Deutschland kommt vom Geoforschungszentrum Potsdam. Dort glaubt man, innerhalb von ein bis drei Jahren wirksamen Schutz garantieren zu können. Das Konzept ist – im Rahmen des von Bundeskanzler Schröder vorgeschlagenen Partnerschaftsmodells – vor allem auf Indonesien und Sri

Lanka ausgerichtet. Das macht Sinn. Besonders Indonesien ist wegen seiner unmittelbaren Nachbarschaft zum seismisch aktiven Sundabogen stark betroffen, und deutsche Geoforscher arbeiten schon seit langem mit indonesischen zusammen.

In einer ersten, schnell zu realisierenden Aufbaustufe, deren Kosten auf zirka 45 Millionen Euro veranschlagt werden, würde allerdings nichts anderes geschehen, als ein Warnsystem auf der Basis bereits existierender Systeme einzurichten sowie Konzepte und Technologien für zukünftige bessere Systeme zu finden. Eine zweite Stufe bestünde dann im Aufbau eines Echtzeit-Erdbebenmonitoring-Systems, zur Verbesserung der seismologischen Messungen. Stufe drei wäre die Einrichtung eines Satellitensystems für eine adäquate Nachrichtenübermittlung. Diese Stufe allerdings ist erst äußerst vage umrissen.

Es wird auf diesem Feld einen internationalen Konkurrenzkampf geben, und die Deutschen werden mit Techniken aufwarten müssen, die über die bereits vorhandenen der Amerikaner und Japaner hinausreichen. Bei der Datenerkennung, also der Erfassung seismischer Aktivitäten, sind die Deutschen heute führend. Die Bojen, welche die Signale der so genannten Ozeandruckdosen, die Sensoren für den Meeresboden, weiterleiten, sie müssen allerdings erst noch entwickelt werden. Und die Satelliten müssen noch »aufgehängt« werden – wenn es sich denn um deutsche oder wenigstens europäische Produkte handeln soll.

Auf der Tsunami-Konferenz in Kobe, drei Wochen nach dem Krisengipfel in Jakarta, war dann von internationaler Einigkeit wenig, von divergierenden nationalen Interessen bereits viel zu vernehmen. Über den Vorschlag des Potsdamer Geoforschungszentrums mokierten sich die Amerikaner. Er sei wohl »gut gemeint«, aber man müsse doch nicht das Rad noch einmal neu erfinden. Ja, die Amerikaner arbeiten bereits mit Bojen und Bodensensoren, ihre

GPS-Satelliten befinden sich längst auf ihren Umlaufbahnen. Die Deutschen gaben zurück, verwiesen auf die vielen Fehlalarme des US-Systems. Und tatsächlich: Nach Informationen einer Webseite der amerikanischen Raumfahrtbehörde Nasa waren fast 75 Prozent aller Tsunami-Warnungen seit 1948 falscher Alarm. Doch hinter der Kritik der Amerikaner steckten wieder einmal militärische und strategische Interessen. Die Amerikaner wollen sichergehen, dass sie die Erfassung aller Daten kontrollieren können, denn sie setzen ihre Satelliten grundsätzlich zu Spionagezwecken, militärischen wie wirtschaftlichen, ein. Die Europäer geben sich zurückhaltender, sagen, man dürfe das Feld nicht allein den Amerikanern überlassen. Aber das heißt in Wirklichkeit nichts anderes, als dass man selber eben auch die strategischen Vorteile eines weltumspannenden Satellitensystems genießen will.

Auch die Wiener Teststoppbehörde hat in Kobe ihre Dienste angeboten. Es heißt, ihre Messungen seien so gut, dass sie erfassen könnten, ob irgendwo auf der Welt ein Stuhl umkippt. Sie wollte ihr Know-how für ein Frühwarnsystem zur Verfügung stellen. Aber davon wollten, wie zu erwarten, Inder und Pakistani nichts hören.

Es schien in Kobe, als sei nur vier Wochen nach dem Tsunami vom 26. Dezember die Lehre vergessen worden, dass ein wirklich internationaler Katastrophenschutz mit rein nationalen Interessen nicht vereinbar ist.

Kapitel 8

Szenario

Angst und Schrecken löste der Tsunami auch fernab vom Geschehen aus. Nach dem Weihnachtsbeben beschäftigte sich alle Welt mit dem Naturphänomen. Dabei rückte auch ein Berg in den Mittelpunkt des Interesses, dessen Namen zuvor bestenfalls die Einheimischen und einige Touristen kannten. Die Rede ist vom Cumbre Vieja.

Der Cumbre Vieja, der Alte Berg, ist ein aktiver Vulkan auf der grünen Kanareninsel La Palma. Grün ist La Palma, im Gegensatz etwa zu Lanzarote oder Fuerteventura, weil es dort viel regnet. Und der Regen ist es, der den Cumbre Vieja, einen eigentlich eher harmlosen Vulkan, zu einer Gefahr werden lässt. Er bricht nur etwa alle zweihundert Jahre aus, zuletzt 1949. Größere Schäden entstanden damals nicht. Aber der Cumbre Vieja wird von Geologen beobachtet. La Palma ist heute dichter besiedelt als 1949, viele Deutsche haben dort ihre Bungalows gebaut, wo sie ihre Ferien verbringen oder ihren Ruhestand genießen. Sollte der Cumbre Vieja wider Erwarten aktiv werden, die Inselbewohner könnten vor einem Ausbruch rechtzeitig gewarnt werden.

Trotzdem gilt der Cumbre Vieja als der Vulkan der Vulkane, als der Berg, der eines Tages einen Mega-Tsunami auslösen könnte, der alle bisherigen an Zerstörungskraft um ein Vielfaches übertreffen wird.

Die Warnung kommt von einer Gruppe von Forschern, die meinen, die Welt nehme die »Gee Gees«, die Global Geophysical Events, also die geophysikalischen Vorkommnisse mit weltweiten Folgen, nicht ernst genug. Einer der Warner ist der britische Professor Bill McGuire vom Benfield Greig Hazard Research Centre am Londoner University College. McGuire sagt, der Cumbre Vieja werde nicht genau genug beobachtet. Die drei vorhandenen Seismographen reichten nicht aus, ein zu erwartender Ausbruch könne auf diese Weise nicht Wochen im Voraus festgestellt werden. McGuire ist sich sicher: »Irgendwann wird der Felsen kollabieren, und der Kollaps wird den Atlantikrand zerstören.«

Wenn nämlich der Cumbre Vieja ausbricht, so das Horrorszenario, dann könnte seine instabile Westflanke abbrechen und ins Meer stürzen. Der dadurch ausgelöste Tsunami würde gewaltiger als alle bisher bekannten anschwellen, eine fünfzig Meter hohe Welle würde drei Stunden später die westafrikanische Küste überfluten, nach fünf Stunden Südengland erreichen, binnen zwölf Stunden die amerikanische Ostküste verwüsten. Bis zu zehn Kilometer könnte die Flut ins Land schwappen. Boston, New York und Miami würden ausgelöscht werden. Und das könne, so McGuire, »jederzeit« passieren: »Wir müssen herausfinden, wann eine Eruption wahrscheinlich wird, sonst bleibt keine Zeit, die großen Städte zu evakuieren.«

McGuire hat zusammen mit seinem Kollegen Simon Day schon vor geraumer Zeit den baldigen Untergang vorausgesagt. Day, ebenfalls vom Benfield Forschungszentrum am University College in London, machte bereits im Jahre 2000 von sich reden, als er die Amerikaner, die mehrheitlich die Insel La Palma gar nicht kennen, aufrütteln wollte. Vierzig Millionen Amerikaner leben an der Ostküste, sie seien sich der Gefahr der plötzlichen Katastrophe nicht bewusst. Day damals: »Bei der amerikanischen Ostküste, und das ist das Schlimmste, handelt es sich um eine der am dichtesten besiedelten Gegenden der Welt.«

Niemand nahm Day seinerzeit besonders ernst. »Der Mann ist auf dem Apokalypse-Trip«, befand sein deutscher Kollege Hans-Ulrich Schmincke vom Leibniz-Institut für Meereswissenschaften der Universität in Kiel, Geomar, der selber auch Vulkane auf La Palma und anderen Kanareninseln untersucht hat.

Nach dem Weihnachtsbeben vor Sumatra bekam die Schrekkensvision von La Palma neue Aktualität.

Entscheidend für die Prognose der Geologen ist eine Spalte, die seit dem Ausbruch von 1949 die Flanke des Cumbre Vieja von Nord nach Süd durchzieht. Simon Day glaubt, sie habe sich nach dem Ausbruch gesenkt. Dazu komme die Tatsache, dass der Vulkan – und hier kommt der Regen von La Palma ins Spiel – mit Wasser gefüllt ist. Das Wasser wird in dem porösen Gestein des Vulkans zwar zwischen festen Lavaschichten gehalten. Wenn aber der Vulkan ausbricht, dann droht das Wasser die wie Deiche wirkenden, vertikal verlaufenden Schichten zu sprengen. Somit würde der ganze Berg nach außen gedrückt. Die Flanke unterhalb der Spalte bekäme zusätzlichen Druck und würde ins Meer rutschen. Und noch weiteren Druck würde die Hitze der Magma erzeugen, die das Wasser verdampfen und sich dabei ausdehnen ließe. Day errechnete, dass 150 bis 500 Kubikkilometer Gestein so abstürzen könnten. Und das würde in der Tat einen Mega-Tsunami auslösen.

Schmincke hielt dagegen, dass bei solchen Ereignissen nur etwa 20 bis 50 Kubikkilometer ins Rutschen gerieten. Day sagte voraus, der Fels werde mit einer Geschwindigkeit von 200 bis 500 Kilometer in der Stunde ins Wasser rasen. Schmincke kritisierte, sein Kollege habe anscheinend das Tempo der Druckwelle mit dem des Erdrutsches verwechselt.

Seit neuestem ist wieder viel von Day und seinen Untergangsszenarien zu hören, weniger von Schmincke und anderen Kritikern. Nach Weihnachten 2004 griffen die Medien begierig die Untergangstheorie auf.

Geologen haben bis 1980 die Möglichkeit eines Flankenkollaps kaum zur Kenntnis genommen. In jenem Jahr brach der 2549 Meter hohe Mount St. Helens im US-Bundesstaat Washington aus. Es passierte etwas, das man vielleicht mit dem zu starken Aufblasen eines Luftballons vergleichen kann: Magma, die glühende Gesteinsschmelze im Vulkaninneren, war zur Oberfläche aufgestiegen und hatte den Berg regelrecht ausgedehnt. Die oberen 350 Meter des Gipfels stürzten gänzlich weg. Etwa drei Kubikkilometer Felsen rutschten ins Tal und richteten Verwüstungen an.

Ein Vulkan im Meer ist weitaus größer als einer auf dem Land. Zu sehen ist das nicht, denn es ragen nur etwa fünf Prozent des Bergs aus dem Wasser hervor. Auf Satellitenfotos lässt sich aber gut erkennen, um wie viel größer die über die Jahrtausende vom Meeresboden aufgestiegenen Ozeanvulkane sind, nämlich fünfzig bis hundert Mal. Wenn also die Flanke des Cumbre Vieja einbräche, dann würde das so viel an Gesteinsmassen zum Rutschen bringen wie der Kollaps des ganzen Mount St. Helens.

Wie das Wasser einen Flankenkollaps auslösen kann, zeigte sich 1998 beim Hurrikan Mitch. Der Wirbelsturm brachte in Nicaragua in wenigen Tagen 2000 Millimeter Niederschlag. Das Regenwasser drang auch in den Vulkan Las Casitas im Nordwesten des zentralamerikanischen Staates. Dessen Inneres war von den ätzenden Schwefelgasen stark zersetzt, nahm daher das Wasser schnell auf – und explodierte. Ein Schuttstrom ergoss sich viele Kilometer über den Fuß des Vulkans hinaus und begrub Hunderte von Menschen unter sich.

Die Landvulkane Mount St. Helens und Las Casitas haben Steinschläge über das Land gebracht, Flankenabbrüche von Ozeanvulkanen hätten wegen der Tsunamis, die sie wahrscheinlich auslösen würden, eine weitaus verheerendere Wirkung. Die Schuttlawine würde auf dem Meeresboden vorwärts rutschen und das Wasser auf die Weise vertikal verdrängen, die eben solche Wellen erzeugt. Und dass solche Riesentsunamis möglich sind, bestreitet auch Hans-Ulrich Schmincke nicht.

Die Forscher vom Kieler Institut Geomar haben die Meeresböden um Vulkaninseln kartiert und dabei große Mengen an Schutt entdeckt. Sie glauben, dass es auf den Kanaren bereits etliche Flankenabrisse gegeben hat – in prähistorischer Zeit. Auf El Hierro, der kleinen Nachbarinsel von La Palma, fanden sie ein weiteres Indiz für die Gefahr eines Flankenabbruchs. Im Nordosten der Insel ist ein großes Stück Land um etwa hundert Meter abgesackt, das war irgendwann vor einigen Hunderttausend Jahren. Aktueller sind die Bewegungen des Kilauea, einem der aktivsten Vulkane der Welt, auf der hawaiischen Insel Big Island. An dessen Südflanke war im Jahre 2002 ein 200 Quadratkilometer großes Gebiet um zehn Zentimeter gesackt. Wäre dieses Areal ins Meer gerutscht, hätte es ebenfalls einen gigantischen Tsunami erzeugt, der die Gestade des Pazifik verwüstet hätte.

Aber ein solcher Flankensturz ins Meer von einem der riesigen Ozeanvulkane ist noch nie von Wissenschaftlern beobachtet worden. Keiner bestreitet, dass es sie in grauen Vorzeiten gab oder dass sie sich wieder ereignen können. Die Frage ist nur wann. Sind wir wirklich hier und jetzt in Gefahr? Oder betrifft das eine unvorstellbare Zukunft irgendwann in hunderttausend Jahren? Schmincke sagt: »Jede Vorhersage bei Flankenabbrüchen ist unseriös.« McGuire sagt: »Die Wahrscheinlichkeit, dass so etwas in einem gegebenen Jahr passiert, liegt unter einem Prozent, langfristig liegt sie bei hundert Prozent.«

McGuire und Simon Day verweisen bei ihren Theorien über die Größe eines durch einen Flankenabriss ausgelösten Tsunami auf ein Ereignis in der Lituja-Bucht in Alaska im Jahre 1958. Am 9. Juli jenes Jahres, kurz nach 10 Uhr, schoss eine gewaltige Welle durch die Bucht. Sie türmte sich zu einer Höhe von 150 Metern auf, rollte an Land noch einmal gut 500 Meter die Anhöhen hinauf. Und es muss schon früher solche überdimensionalen Wellen in der Bucht gegeben haben. Hinweise auf die außergewöhnlichen Ereignisse fanden Forscher im Wald an den Abhängen um die Bucht. Der alte Baumbestand reichte nicht bis hinunter zum Ufer. Vielmehr standen unterhalb der Linie, zu der die Welle hochgerollt war, zum Teil junge, zum Teil alte verwachsene Bäume. Die Jahresringe der verwachsenen Bäume zeigten, dass im Jahre 1958 eine große Kraft auf sie eingewirkt haben muss, eine Welle. Auch war bis zu dieser Höhe viel an Erde weggeschwemmt worden. Um einen normalen, von einem Erdbeben ausgelösten Tsunami kann es sich aber nicht gehandelt haben. Als der bis dato schlimmste Tsunami galt derjenige, der 1946 die Stadt Hilo auf dem Big Island heimgesucht hatte, dessen Flutwelle mit zehn Metern angegeben wurde. Zehn bis 15 Meter, das galt in den fünfziger Jahren als die Regel, 150 Meter, das war unglaublich.

Aber es gab zwei Augenzeugen, Howard Ulrich und sein Sohn Sonny. Der britische Nachrichtensender BBC präsentierte sie erstmals in einem Dokumentarfilm im Jahre 2000 zusammen mit Simon Day und Bill McGuire. Vater und Sohn Ulrich lagen an jenem 9. Juli 1958 in ihrem Boot in der Bucht vor Anker. Sie hörten ein Donnern und spürten schon bald, wie ihr Boot mit unglaublicher Geschwindigkeit in die Höhe getrieben wurde. Sie glaubten, sie müssten sterben. Die Ulrichs hatten eine Ankerkette von 40 Faden Länge, also gut 73 Meter. Die Kette riss wie ein Bindfaden, aber da waren sie noch nicht auf dem Wellenkamm. Ihr Boot wurde ergriffen, über die Bäume getragen, glitt aber wie ein Surfbrett zurück in die Bucht. Die Ulrichs überlebten. Andere hatten nicht solches Glück. Zwei andere Boote wurden ins Meer hinausgeschleudert und zerschellten. Bald nach dem 9. Juli 1958 fanden Wissenschaftler heraus, was die Riesenwelle erzeugt hatte. Am Ende der Bucht hatte sich ein gewaltiger Erdrutsch ereignet. Aus 1100 Metern Höhe waren Gesteinsmassen ins Wasser gestürzt. Sie peitschten das Wasser zu der unglaublichen Höhe auf. Erstmals kam der Verdacht auf, dass solche seltenen, von Erdrutschen erzeugten Tsunamis weitaus höher werden und viel zerstörerischer wirken können als die häufigeren durch Erdbeben erzeugten.

Ein Land, in dem die Erforschung des Phänomens sehr ernst genommen wird, ist die Schweiz. Das mag überraschen. Aber auch hier im Alpenland kommt es zu Erdrutschen. Diese ergießen sich zwar in kein Meer, dafür aber in Seen. Und so wurde am Schweizer Bundesinstitut für Technologie in einem Modellversuch auch der Erdrutsch von Alaska simuliert. Dort waren, so die Vermutung der Forscher, etwa 90 Millionen Tonnen Gestein ins Wasser gefallen. In ein Becken, das die Lituja-Buch darstellt, kippten die Schweizer eine der Relation entsprechende Menge Gestein. In dem Becken entstand eine Welle, welche die Seitenwände hinaufschlug zu einer Höhe, die 520 Metern in der Natur entsprach.

Und sie machten eine neue Entdeckung: Es gab keinen Rückfluss des Wassers; hinter dem Gestein blieb vielmehr eine Luftblase, es wurde also weit mehr an Wasservolumen verdrängt, als Gesteinsmasse ins Wasser gerutscht war. Auch das erklärte, weshalb die Welle in der Bucht von Alaska so weit die Abhänge hinauflaufen konnte.

Im Jahr 2000 war nicht mehr umstritten, dass sich im Laufe der Jahrmillionen auf allen Archipelen massive Flankenabbrüche, immense Erdrutsche ereignet haben müssen. Dabei sind zum Beispiel ganze Teile der hawaiischen Inseln kollabiert. Vor etwa zwei

Millionen Jahren brach ein Teil der Insel Oahu weg, ein Fels schlug ins Meer, blieb als Berg unter Wasser liegen, ein Berg, der heute Tuscaloosa genannt wird und etwa zehn Mal so viel Masse hat wie der Mount Everest. Die Kanaren brachen in großen Teilen weg. Die Buchten von El Golfo, El Julan und Las Playas auf El Hierro erscheinen wie riesige Dellen an den Küsten. Von den Anhöhen um 1500 Meter über dem Meeresspiegel müssen dort Hunderte von Kubikkilometer Gestein ins Meer gerast sein, auf eine Tiefe von 3000 Meter und dabei gigantische Tsunamis erzeugt haben. Und auch auf El Hierro gibt es eine Verwerfung. Das so genannte San-Andrés-Verwerfungssystem umfasst eine Fläche von 50 Quadratkilometern. Würde es ins Meer stürzen, dann wäre ein Drittel der Insel verschwunden. Aber solche Abrutsche kommen selten vor, darüber streitet die Wissenschaft nicht mehr, höchstens alle paar tausend Jahre. Der letzte ereignete sich übrigens im Indischen Ozean, vor 4000 Jahren barst ein Teil der Insel Réunion und stürzte ins Meer.

Simon Day hat den Cumbre Vieja intensiv erforscht. Besonders die Spalte, die den Alten Berg durchzieht. In dem BBC-Dokumentarfilm sagte er: »Ungefähr eine Woche nach dem Ausbruch von 1949 passierte etwas Ungewöhnliches. Es gab eine Serie sehr schwerer Erdbeben, und die Westseite des Vulkans rutschte auf einer Strecke von ungefähr zwei Kilometern um zirka vier Meter abwärts auf die See zu. Entlang des Gipfels (der gradförmig, nicht wie üblich kegelförmig, ist; M. S.) tat sich die Spalte auf. Es handelt sich nicht um einen normalen vulkanischen Kamin, der sich horizontal öffnet und aus dem die Magma als Lava herausfließt. Die eine Seite senkte sich im Verhältnis zur anderen Seite um vier Meter. Dieses Gebiet bewegte sich auf die See zu. Und das ist etwas ganz Ungewöhnliches, etwas Einzigartiges, das normalerweise bei Vulkanen nicht zu beobachten ist.«

Der Cumbre Vieja ist 1646 und 1712 ausgebrochen, dann wieder 1949, zweimal in gut fünfzig Jahren, dann wieder nach über zweihundert Jahren. Deshalb prognostizierte Day, er werde wahrscheinlich im kommenden Jahrhundert, dem 21., wieder eruptieren. Sein Kollege Bill McGuire sagte in der BBC-Sendung: »Es können sich noch fünf oder mehr Ausbrüche am Gipfel des Cumbre Vieja ereignen, bevor die Westflanke kollabiert, es können zehn, es können zwanzig sein. Aber die Westflanke kann auch bei der nächsten Eruption fallen. Wir wissen es einfach nicht. Aber sagen wir es einmal so: Wenn ich in Miami oder New York leben würde, und würde erfahren, dass der Cumbre Vieja ausgebrochen ist, dann würde ich die Nachrichten sehr genau verfolgen.«

Juan Carlos Carracedo aus Teneriffa, Leiter des Kanarischen Instituts für Vulkanologie, der mit Day gemeinsame Artikel veröffentlicht hatte, wandte schon damals, im Jahre 2000, ein, die Spalte sei während des Ausbruchs 1949 aufgerissen, sei somit kein Grund für besondere Beunruhigung. Auch Carracedo bestreitet die Möglichkeit eines Abrutschens nicht. Zweimal habe es solche kolossalen Ereignisse auf La Palma gegeben. Aber jedes Mal seien diese Vulkane zuvor eine halbe Million Jahre lang gewachsen.

Demnach müsste man den Cumbre Vieja nicht fürchten. Carracedo: »Er ist erst 120 000 Jahre alt.« Und doch: Er soll auch in Zukunft genauer beobachtet werden – per Radar, das jede Höhenveränderung registriert und über Satelliten an eine Überwachungsstation meldet. Wenn der Fall der Fälle eintreten sollte, will man wenigstens rechtzeitig warnen können.

Kapitel 9

Leben mit dem Meer

Gaius Plinius Secundus, genannt Plinius der Ältere, war ein Mann, den zwei Eigenschaften besonders auszeichneten: sein Wissensdurst und seine Hilfsbereitschaft. Am 25. August 79 n. Chr. wurden ihm diese Eigenschaften zum Verhängnis. Einen Tag zuvor war der Vesuv ausgebrochen, und Plinius, der herbeigeeilt war, um zu beobachten und Notizen zu machen, starb am zweiten Tag der Katastrophe – allerdings nicht den Erstickungstod im Ascheregen, sondern an Herzversagen.

Als junger Mann war er in Germanien stationiert gewesen, leistete seinen Militärdienst als Reiterpräfekt und Legionstribun. Über eine merkwürdige Gruppe von Menschen, die dem rauen Nordmeer einen Raum zum Leben abtrotzten, hat er geschrieben: »Zweimal in dem Zeitraum je eines Tages und einer Nacht dringt das Weltmeer in großartiger Bewegung mächtig heran und begräbt unter seinen Fluten einen ewigen Streitgegenstand der Natur: ob Meer, ob Land, keiner vermag es mit Gewissheit zu sagen. Dort haust ein bejammernswertes Volk auf hohen Erhebungen oder künstlichen, nach Maßgabe der höchsten Flut aufgeworfenen Hügeln.«

Plinius sprach von einer Gegend bei Hamburg, einem Urstromtal, das vermutlich bereits 1500 v. Chr. bewohnt war, und das heute das Alte Land genannt wird. Das Leben mit dem Meer war schon immer ein Kampf der Menschen mit der Natur. Die Menschheitsgeschichte ist voller Beispiele dafür. Der Kampf um das Alte Land ist eines davon. Die Natur wurde besiegt, sie warf ihrerseits die Menschen wieder zurück, was diese wiederum nur zu neuen Taten anstachelte.

Um die Zeitenwende siedelten an der Unterelbe die Langobarden, die es dann aber vorzogen, in den Kampf zu ziehen und das nördliche Italien in der Gegend des heutigen Mailand eroberten. Ihnen folgten die Sachsen, sie waren die Elbe herabgezogen. Bereits im 4. Jahrhundert wurden Wurtendörfer im Alten Land angelegt, das damals noch ein junges war. Wegen des Ansteigens der Fluten wurden vorgeschichtliche Flachsiedlungen schichtweise zu Wurten aufgehöht, mit Marschenklei, dem schweren, wasserdichten Boden, mit dem heute noch Deiche befestigt werden. Für Sturmfluten aber waren die Wurtendörfer nie hoch genug.

Im 12. Jahrhundert kamen neue Siedler, Holländer, gerufen von Bremens Bischof. Sie waren Meister in der Landgewinnung, schütteten Deiche auf, zogen dazwischen Gräben und Siele zur Entwässerung. Die Holländer brachten ein Sozialsystem mit, das den Fortschritt sicherte: Bauern blieben frei von Frondiensten, wenn sie ihren Deichabschnitt pflegten und warteten. Wer dies nicht tat, musste weichen: »Wer nich will diken, der muss wiken.« Wenn das Meer es aber wollte, überwand es auch die höchsten Deiche: Die Julianflut 1164, die Allerkindleinsflut 1248, die Marcellusflut 1362 – immer wieder war »Land unter«, verloren Tausende ihr Leben. Und hernach inspizierten die Deichrichter die Bollwerke gegen das Wasser. Sie wurden instand gesetzt, geflickt, neu aufgeschüttet. Das Land blühte wieder auf, wurde zum Spielball der politischen Mächte. Die Schweden eroberten es, die Dänen nahmen es ihnen weg im Dreißigjährigen Krieg. Es fiel an Hannover, an Preußen, schließlich an Hamburg.

Die Fluten wurden immer höher, die Deiche auch. Und wieder und wieder brachen sie. Das änderte sich auch in der Neuzeit nicht. Schlimm kam es bei einer Sturmflut am 16. Februar 1962. Ein

Lokalpolitiker namens Helmut Schmidt riss damals das Kommando an sich (»Ich erwarte schnellsten Vollzug meiner Anordnungen«), rettete auf diese Weise vielen Menschen das Leben. Der spätere Bundeskanzler, damals Innensenator der Hansestadt, hatte seinerzeit mit 10 000 Tote gerechnet. Es waren gottlob am Ende nur 315 im Stadtgebiet. Aber 20 000 Menschen mussten in Notunterkünften untergebracht werden.

Über die Machtlosigkeit der Menschen gegen diese Naturgewalt schrieb der *Spiegel* am 28. Februar jenes Jahres: »Eine moderne Weltstadt, 750 Quadratkilometer groß und meisterhaft organisiert ... zeigte sich gegen ein 100 Kilometer entferntes Randmeer des Ozeans so anfällig wie ein Pfahldorf der Primitiven. Drei Tage lang war das Pfahldorf der Zivilisierten mit seinen fast zwei Millionen Einwohnern paralysiert.«

Das Bild vom Pfahldorf traf das Gefühl, das bei den Menschen vorherrschte: Die Gewalt des Wassers warf die Zivilisation zurück in den Zustand der Primitiven. Aber die Menschen gaben natürlich nicht auf. Man baute die Deiche wieder auf, noch höher, noch breiter, und der nächsten großen Flut, der Rekordflut von 1976 hielten sie stand. Und auch die Stadt Hamburg blieb nicht unverändert. Weiter und weiter drängte sie ins Alte Land, nahm den Obstbauern die Gärten und dem Watt das Wasser. Wo einst die modernste Urbarmachung durch die »Hollandri« stattfand, breitet sich heute der Airbuskonzern aus. 165 Hektar Neuland wurden gewonnen, als das Mühlenberger Loch, eine wertvolle Süßwassermarsch, zugeschüttet wurde. Apfelbauern wurden bedrängt, bis sie ihre Flächen der Stadt zu Höchstpreisen überließen. Nun kann der Airbus A380 starten, das größte und modernste Flugzeug der Welt, an eben der Stelle, wo einst Plinius das »bejammernswerte Volk« sah, das mit den Händen Schlamm sammelte, strohgefüllten Schlamm, den es im Wind trocknete, um damit kochen zu können.

Venedig, die führende Seemacht des späten Mittelalters, gegründet 451 n. Chr., Europas erste Großstadt, symbolisiert den Kampf des Menschen mit dem Meer noch eindrucksvoller. Venedig entstand, weil die Einheimischen Angst vor den Hunnen hatten. Die Bewohner Aquileias fürchteten sich vor Attilas Reitern und flohen in die Lagunen. Krankheiten und Mühsal nahmen sie in Kauf, wenn sie nur vor den Horden aus dem Norden in Sicherheit wären. Sümpfe und Marschland boten geschützte Lebensräume. »Veni etiam« – bis hierher gekommen – grüßten sie. Daher auch der Name »Venedig«. Dem offenen Meer trotzte der Lido. Und das Meer war nicht nur Handelsraum, es lieferte auch den Rohstoff, auf dem die Paläste gebaut wurden: Schwemmsand, das Bindemittel für den Unterbau aus Pfählen und Stein.

Und das Meer schlug – wie zu allen Zeiten und überall – zurück. Schon im Mittelalter ließen Überschwemmungen Häuser einstürzen. Die Inundation kam nicht so schnell, hatte nicht die Gewalt des Tsunami, der Banda Aceh verwüstete. Aber war die Flut, etwa jene am 10. August 1410, die auch Palazzi und Kirchen einstürzen ließ wie Kartenhäuser, für die Menschen damals weniger apokalyptisch? Wohl kaum. Wie reagierten sie auf die Flut? Sie bauten wieder auf, schöner, prächtiger – und solider, schwerer. Das bloße Gewicht der Gebäude ließ die neuen Prunkbauten in den Schlamm sinken, in den vergangenen drei Jahrhunderten um einen halben Meter. Der Beginn einer maßlosen Industrialisierung auf dem Festland bei Mestre verschärfte das Problem: Grundwasser wurde abgepumpt, die Bauten der Lagunenstadt sanken noch schneller.

Die größte Gefahr rückte erst durch die genauere Analyse der Hochwasserstatistik ins Blickfeld. Die kritische Grenze für Hochwasser in Venedig liegt bei 110 Zentimeter über normal. Dann werden die Erdgeschosse überflutet, die Vaporetti kommen nicht mehr unter den Brücken hindurch. In den zwanziger und dreißiger Jahren des vergangenen Jahrhunderts kam das alle paar Jahre einmal vor. In den vierziger und fünfziger Jahren wurde die 110-Zentimeter-Marke dann schon einmal im Jahr überschritten. Am Ende des vergangenen und Beginn des neuen Jahrhunderts spülten solche hohen Fluten bereits fünf Mal im Jahr in die Stadt. Die fürchterlichste Überschwemmung traf Venedig am 4. November 1966 – von der Weltöffentlichkeit nahezu unbemerkt, weil Florenz von dem über die Ufer getretenen Arno heimgesucht wurde und die Medien dieses schreckliche Schauspiel für faszinierender hielten als eine neuerliche Überflutung Venedigs.

In den Jahrhunderten ihres Bestehens war die Bausubstanz der Stadt Gegenstand unablässiger Untersuchungen. Jetzt wurde dem bewährten Magistrato delle acque, der Wasserbaubehörde, ein Sachverständigenrat von gewaltiger Kopfzahl beigeordnet. Was konnte ein solches Expertengremium anderes tun, als auf ein wahrhaft prometheisches Projekt zur Rettung Venedigs zu drängen. Mose soll zukünftig helfen, wenn das Wasser kommt. Das Akronym bedeutet: *Mo*dulo *S*perimentale *E*lettromeccanico – kurz Mose. Ein System beweglicher Deiche mit 79 Stahlschleusen soll an den drei Mündungen der Lagune, den Bocche, eingezogen werden, stählerne Bollwerke von fünf Metern Dicke und zwanzig Metern Höhe sollen mit Scharnieren am Fundament befestigt und durch Pressluft aufgerichtet werden, wenn das Meer die kritische Marke von 110 Zentimeter zu übersteigen droht.

Der Streit in Venedig wegen Mose stand dem Streit um die Startbahnverlängerung in Hamburg an Heftigkeit nicht nach. Ersonnen worden war das Projekt Mose in den fortschrittsgläubigen siebziger Jahren. Gestoppt wurde es in den fortschrittsfeindlichen Achtzigern. Neues Leben hauchte ihm Ende der Neunziger der Machbarkeitsfanatiker Silvio Berlusconi ein. Vielleicht wird der ehrgeizigste und teuerste Schutzwall gegen die Fluten noch vor dem Ende des gegenwärtigen Jahrzehnts errichtet sein – ohne dass die langfristigen Folgen des gewaltigen Eingriffs in die Natur vollständig erkundet wären.

Wird die Natur sich auch hier rächen? Mit noch höheren Fluten, welche die Stahltore überwinden und den sich sicher wähnenden Menschen die Fluchtwege abschneiden? Durch ein Ersticken der Lagune? Kommt es zur Überdüngung? Zu gefährlich niedrigen Ebben, bei denen die Lärchenpfähle, auf denen die Palazzi ruhen, zu viel Luft abbekommen und im Kontakt mit dem Sauerstoff faulen?

Auch früher, als man vorsichtiger und mit einfacheren Maßnahmen die Stadt schützte, entschieden sich die Venezier im Zweifel für das Geschäft. Heute ist das Geschäft der Tourismus. Immer mehr Gäste, immer mehr Hotelbetten, Restaurants, Boutiquen und Souvenirshops. Mose, wie einst der biblische Moses, soll die Wasser teilen, damit das Volk der Touristen trockenen Fußes durch die Stadt wandeln kann, die heute mehr einer Kulisse denn einem intakten sozialen Organismus gleicht. Venedig will so mit dem Meer leben, und wer würde es der Stadt verdenken, sich zu schützen, wer würde raten, das Weltkulturerbe einfach im Meer versinken zu lassen?

Eine Kontroverse haben vor allem die schier unvorstellbaren Ausmaße des Vorhabens ausgelöst. Alberto Scotti, der Chefingenieur, strahlt nur Zuversicht aus, sagt stolz: »Diese Barrieren sind ein riesiger Eingriff in die Umwelt, etwas so Großes hat es noch nicht gegeben.« Auch der Preis ist riesig, rund 3,5 Milliarden Euro.

Andere sehen in jedem Eingriff in die Umwelt eine Gefahr. Kritiker, wie Jane da Mosto, eine Ökologin, deren Familie einen Palazzo am Canal Grande besitzt, fürchtet das Schlimmste. Sie sagt: »Ich möchte gar nicht darüber nachdenken, was mit Venedig in hundert Jahren sein wird. Es ist so überwältigend und traurig. Vielleicht muss es aufgegeben werden. Vielleicht liegt es unter Wasser, und die Touristen können es aus Unterwasserbooten betrachten.«

Wem soll der Laie glauben, dem Ingenieur, der Umweltschützerin? Schafft die schiere Größe des Unternehmens neue Probleme ungeahnter Art? Probleme, die dann nicht mehr durch die nächste Ingenieurleistung zu beseitigen sind? Wo sind hier die Grenzen des Wachstums?

Wachstum, die Aussicht auf ein besseres Leben, das war im Alten Land nicht anders als in Venedig, hat die Menschen in die Nähe des Meeres gelockt. Dabei waren sich die Menschen der Gefahren zwar stets bewusst, aber da sie nie gänzlich zu bewältigen waren, traten sie ihnen immer nur so weit entgegen, wie dies gerade nötig schien. Das wird sich über kurz oder lang auch in Südostasien als der gangbarste Weg erweisen. Es wird an den vom Tsunami verwüsteten Küstenabstrichen kein grundlegendes Umdenken geben, die Menschen werden nicht ins Landesinnere umsiedeln. Sie werden das eine oder andere Hotel höher setzen, auf stabilere Fundamente stellen. Die Behörden werden anordnen, dass Fluchtwege vom Strand ins Hinterland offen bleiben müssen. Aber schon da wird sich zeigen, dass sie den mafiösen Strukturen nichts entgegensetzen können, Strukturen, die bisher den Wildwuchs erlaubten und jetzt natürlich nicht verschwunden sind. Es herrscht ein gnadenloser Konkurrenzkampf unter Hoteliers, Bars, Restaurants und Souvenirhändlern um die größtmögliche Nähe zum Strand. Dadurch war selbst auf dem kleinen Phi Phi jeder Quadratmeter hinter dem Strand belegt. Das Denken entspricht dem der Venezianer, nur dass diese ihren Kommerz mit anderthalb Jahrtausenden europäischer Hochkultur bemänteln können.

Und die Armen in der Provinz Aceh, soll man ihnen sagen, sie sollen doch zurück in den Urwald gehen? In Indonesien hat man das versucht, in einem Umsiedlungsprojekt namens Transmigrasi, mit dem man Java, die am schlimmsten überbevölkerte Insel, entlasten wollte. Mit Anreizen wie der Aussicht auf Grundbesitz wurden die Menschen auf andere Inseln gelockt, zum Beispiel nach Sumatra, und auch nach Aceh – wo sie dann wieder an die Küsten zogen. Naürlich ist das Leben hier leichter als in den Bergen, unter normalen Umständen gesünder, lohnender, denn wenn es eine Alternative zur Arbeit in der Landwirtschaft gibt, dann an den Küsten, im Handel, in der Industrie und im Tourismus.

Wiederaufbaupläne bedeuten auch in den Todeszonen am Indischen Ozean vor allem eines: Es bleibt alles beim Alten – nach wie vor wird am Meer gebaut. Zu nah. Das regionale Frühwarnsystem, das die Deutschen den Indonesiern zukommen lassen wollen, fußt auf einer wesentlichen Erfahrung aus Japan und Hawaii: Umsiedeln ist schwieriger, als sich auf Katastrophen einzustellen. Deswegen ist das Warnsystem nicht nur auf die Früherkennung von Beben, sondern eben auch auf Aufklärung und Katastrophenschutzübungen ausgerichtet.

Ungefähr die Hälfte der Weltbevölkerung lebt heute an den Küsten, und ihr Anteil steigt. Zwei Drittel könnten es im Jahr 2030 sein. Es sind indes Küsten, deren ökologische Funktionen, deren Stabilität und deren Standortvorteile unter dem Druck der Zuwanderung und des Klimawandels rapide verloren zu gehen drohen. So sehen es die Warner: Allein durch den weltweiten Klimaanstieg ist eine Erhöhung des Meeresspiegels bis zum Jahr 2100 um acht bis 88 Zentimeter und mehr zu erwarten. Thermische Ausdehnung, Schmelze der Gebirgsgletscher, Abbrechen der Packeisflächen in Grönland und der Antarktis – die Ursachen sind zahlreich und die Folgen unabsehbar, wenn die Erde sich weiter so erwärmt wie in den vergangenen zwei Jahrhunderten der Industrialisierung: Zig Millionen Menschen werden unter Küstenüberflutungen einerseits und den Dürren andererseits zu leiden haben.

Die Zahlen zum Anstieg des Meeresspiegels stammen im Übrigen vom UN-Klimabeirat, dem Intergovernmental Panel on

Climate Change, IPCC, und sie basieren auf der Annahme, dass der Treibhauseffekt »anthropogenen« Entwicklungen geschuldet sei, dass also der Temperaturanstieg von Menschen verursacht ist. Stimmt das? Und ist er wirklich so groß, wie behauptet?

Eine Erwärmung um 1,4 bis 5,8 Grad bis zum Ende des 21. Jahrhunderts sagen die Experten vom IPCC voraus. Das ist eine ziemlich große Spanne, eine Variationsbreite von über 400 Prozent. Für manche Kritiker ist sie so groß, dass sie sagen, die Zahlen seien schlicht geschätzt. Der IPCC hält dagegen: Die Zahlen stammen von Modellrechnungen, die auf unterschiedlichen Annahmen basieren; die einen gehen von einem ungebremsten Ausstoß an Kohlendioxid und anderen Treibhausgasen aus, die anderen von einem durch politische Vorgaben stark beschränkten Ausstoß.

Entsprechend schwanken die Prognosen über den Anstieg des Meeresspiegels. Mitte der achtziger Jahre errechnete die amerikanische Umweltbehörde Environmental Protection Agency (EPA) ein Plus von 3,50 Metern bis zum Jahr 2100. Ein Jahrzehnt danach sprach dann das IPCC von 20 bis 96 Zentimetern, bevor es in jüngster Zeit wieder nach unten korrigierte auf die genannten acht bis 88 Zentimeter. Den meisten Laien fällt es schwer, die Berechnungen der Wissenschaftler nachzuvollziehen. Für sie ist die Debatte der Experten zu einem Glaubenskrieg geworden: Folgt man diesem Experten oder jenem, glaubt man dem Warner oder dem Optimisten?

Immerhin geht es um viel Geld. Um sich gegen die Folgen eines Meeresspiegelanstiegs von 96 Zentimetern bis 2100 zu schützen, muss die Menschheit dem IPCC zufolge 1 Billion Dollar aufwenden. Bei einer Erwärmung um ein Grad könnten bis 2050 Stürme, Fluten und Dürren so viele Schäden verursachen, dass sich die Kosten zu 214 Billionen Dollar addierten. Die Summen sind unfassbar. Es geht darum, politische Entscheidungen zu beeinflussen, etwa für den Küstenschutz. Und es müssen die Prämien der Risikoversicherer ausgerechnet werden.

Die Klimaforschung zeigt auch die Grenzen der Prognosefähigkeit auf, sie ist so gigantomanisch wie ihr Gegenstand. Milliarden werden verforscht. Und doch kann niemand genau voraussagen, was passieren wird. Einigkeit besteht weitgehend darin, dass der Temperaturanstieg seit der vorindustriellen Zeit etwa 0,6 bis 0,8 Grad betrug. Sichtbar und unbestreitbar ist auch das Abschmelzen der Polarkappen und Gletscher auf breiter Front. Doch was daraus folgt, darüber herrscht schon kein Konsens mehr. Manche sehen sogar Vorteile: In neuen eisfreien Zonen kommt man an bisher unerreichbare Rohstoffe heran; neu wachsende Wälder in den ehemaligen Permafrostgebieten tragen zu einem schnelleren Abbau des Kohlendioxids bei. Andererseits fallen dann wieder gänzlich unerwartete neue Entwicklungen auf. Zugvögel ändern ihr Verhalten, bleiben in einigen Gebieten ganz aus, ziehen in andere – und schleppen Viren ein, die Krankheiten auslösen.

Und so kommen mit jedem neuen Argument auch wieder Zweifel auf. Und wenn die Erde zurückschlägt, gewinnt stets der Pessimismus die Oberhand. Wenn die Natur einem gerade vorgeführt hat, wie sie Menschenwerk vernichten kann, ist man geneigt, das Schlimmste zu erwarten.

Optimismus und Pessimismus – auch dies ist eine Frage der finanziellen Mittel. Das zeigt das Beispiel Florida. In dem viertbevölkerungsreichsten Bundesstaat der USA leben heute fast nur sehr junge Erwachsene und alte Menschen, eine Bevölkerungsgruppe mittleren Alters gibt es praktisch nicht. Die jungen arbeiten in den Dienstleistungsberufen, welche die alten beanspruchen. Als der Hurrikan »Andrew« 1992 über Südflorida hinwegfegte, riss er südlich von Miami ganze Suburbs weg. Oft waren Schlamperei und Betrug die Gründe dafür, dass Hausdächer komplett vom Wind abgetragen wurden. Nach dem Sturm wurde selbstverständlich schnell wieder aufgebaut. Es half, dass die meisten Hausbesitzer gegen Sturmschäden versichert waren und dass der Staat mit Milliarden an Nothilfegeldern einsprang. So entstanden die Wohngebiete neu – jetzt im Norden und Westen Miamis. Durch den Sturm verschob sich die soziale Topographie in Südflorida. Hier war Wiederaufbau gleich Umzug. Vor dem nächsten Wirbelsturm schützte das dann aber nicht mehr. Er kam an anderer Stelle, dort wo man neu gebaut hatte. Und im Sommer 2004 trafen gleich vier Wirbelstürme das Seniorenparadies, der verheerendste war »Ivan«. Er richtete Schäden in Höhe von 22 Milliarden Dollar an. Das ist fast viermal so viel, wie an Hilfe für die Tsunami-Opfer am Indischen Ozean aufgebracht wurde. Menschen kamen indes durch »Ivan« nur wenige zu Schaden. Es gibt ein gut eingespieltes Evakuierungssystem an den US-Küsten. Die Menschen weichen für eine Weile den Naturgewalten, kommen hernach zurück und bauen wieder auf.

Doch Optimismus schien im Jahr 2004 wirklich nicht angebracht. Kurz vor Beginn des Jahres das schwere Erdbeben im iranischen Bam, am Ende des Jahres das Seebeben vor Sumatra. Dazwischen Beben in Marokko und auf der japanischen Hauptinsel Honshu. Letzteres ließ den Shinkansen entgleisen. Auch das hatte es noch nicht gegeben und wurde zum Negativsinnbild für die Menschen: Der Stolz der Hochtechnologienation, der Zug, der noch nie aus den Gleisen gesprungen ist, lag da wie ein Käfer, der nicht mehr auf die Beine kommt, die Natur hatte Menschenwerk wie ein lästiges Insekt zur Seite geschleudert. Der Mount St. Helens grummelte 2004 wieder einmal verdächtig. Und am San-Andreas-Graben in Kalifornien verrutschte ein Stück der Erdplatte, ausgerechnet an einer Stelle, an der Geologen gerade bohrten, um die Rätsel der Verwerfung zu lösen. Es war, als wolle die Erde ihre Geheimnisse einfach nicht preisgeben. Für die Chinesen war die Erklärung für all diese Naturkatastrophen einfach: Es war das Jahr des Affen – da waren schlimme Dinge nun einmal zu erwarten.

Prosaischer ist der Blick zurück auf das Jahr 1906, das Jahr in dem San Francisco verwüstet wurde, übrigens nicht von den vierzig Sekunden währenden Erschütterungen, sondern von dem Feuersturm, der losbrach, als die Gasleitungen barsten. 1906 hat es auch an der Grenze zwischen Kolumbien und Ecuador gebebt, auf der Karibikinsel St. Lucia, auf Formosa. Der Vesuv, der Urfeind der Menschen, war ausgebrochen. Dann starben 20 000 Menschen in Valparaiso, der chilenischen Hafenstadt, bei einem schweren Erdbeben.

1906 bis 2004, rund hundert Jahre: Ist das die Spanne, der Zeitrahmen der heftigen Erschütterungen? Es gibt keinen Beweis für die Regelmäßigkeit der Intervalle.

In San Francisco lernte man immerhin dazu: Die Stadt wurde zwar am selben Ort wieder aufgebaut, aber die Gasleitungen wurden erdbebensicher gemacht.

Die Erforschung der Erdplatten, die erst seit vierzig Jahren betrieben wird, hat zu einer Hypothese geführt: Wenn sich an einem Ort eine Platte verschiebt, dann hat das vermutlich Auswirkungen auch an ganz anderen Orten auf der Erde. Bewiesen ist das nicht, aber es gibt Indizien: Im Jahre 2002 beobachteten amerikanische Wissenschaftler nach einem Erdbeben im fernen Alaska, dass die Geysire im Yellowstone-Park häufiger Wasser ausstießen als sonst. Wahrscheinlich gab es einen Zusammenhang. Aber welche Konsequenz soll man daraus ziehen? Die Vorhersagbarkeit erhöht sich durch das Wissen um diesen Zusammenhang nicht.

Angesichts der jüngsten Beben und Vulkanausbrüche entstand der Eindruck, die größte Gefahr sei die tektonische. Deshalb blieb ein Ende Januar 2005 in Großbritannien vorgelegter Bericht fast unbeachtet. Er heißt »Meeting the Climate Challenge«, will also der Herausforderung des Klimawandels begegnen. Der britische Premier Tony Blair hat sich vorgenommen, im Jahre 2005 als

Vorsitzender des Clubs der reichen Industrienationen G8 und als Ratspräsident der Europäischen Union Ernst zu machen mit dem Klimaschutz. Der Bericht kam absichtlich zum Beginn dieses Jahres heraus. Anders als frühere Berichte enthielt dieser eine konkrete, höchst beunruhigende Warnung. Er sprach von einem »Point of no return«, einem Punkt, an dem es keine Umkehr mehr gibt. Wenn die durchschnittliche Temperatur erst einmal zwei Grad über jener liege, die um das Jahr 1750 herrschte, also vor der industriellen Revolution, dann werde die Klimakatastrophe unabwendbar. Die Erwärmung kommt bekanntlich durch die erhöhte Konzentration von Kohlendioxid zustande. Gegenwärtig liege diese Konzentration bei 379 ppm (parts per million). Sie steige um jährlich zwei ppm, kann also im Jahre 2015 schon 400 ppm erreicht haben – und bei 400 ppm beginne der unumkehrbare Prozess, der einen Anstieg der Temperatur auf die zwei Grad über jener vor gut zweihundert Jahren zur Folge habe. Bei einer solchen Erhöhung drohten Ernteeinbußen von unbekannten Ausmaßen, Dürren, Wasserknappheit, ein weiterer Anstieg des Meeresspiegels, das Sterben der Wälder, alle Arten von Krankheiten, das endgültige Abschmelzen des Grönlandeises – und sogar ein Versiegen des Golfstroms. Der Bericht wurde unter dem Vorsitz des ehemaligen britischen Verkehrsministers Stephen Byers und der republikanischen US-Senatorin Olympia Snowe vom britischen Institut for Public Policy Research, dem US Center for American Progress und dem Australia Institut erarbeitet. Der wissenschaftliche Berater war der Inder Rajendra Pachauri, der Vorsitzende des IPCC. Selten ist eine Kommission so hochkarätig besetzt gewesen. Selten ist so eindringlich eine Zeitspanne genannt worden: zehn Jahre! Selten sind so weitreichende Konsequenzen so drastisch an die Wand gemalt worden: Das Versiegen des Golfstroms! Und da der CO_2-Ausstoß die Ursache ist, ist die Katastrophe menschengemacht. Wir haben es also zu weit getrieben.

Außerhalb Großbritanniens machte der Bericht kaum Schlagzeilen. Die Welt stand noch unter dem Eindruck des Tsunami im Indischen Ozean.

Vorsorge ist billiger als Wiederaufbau. Dieser Grundgedanke wurde auf der Konferenz in Kobe bestätigt. Eigentlich war diese »Tsunami«-Tagung als eine UN-Konferenz zur Katastrophenvorsorge geplant. Sie erbrachte unter dem Eindruck der Katastrophe aber ein historisches Ergebnis. Zum ersten Mal wurde beschlossen, Hilfsgelder in die Vorsorge zu stecken, sie nicht nur zur Beseitigung von Schäden zu verwenden. Ein Teil der gut fünf Milliarden Dollar, welche die Welle der Hilfsbereitschaft erbracht hatte, soll in ein Tsunami-Warnsystem für den Indischen Ozean gehen. Allerdings gibt auch hier ein Blick zurück Anlass zur Skepsis. Die Prävention war schon oft das erklärte Ziel, aber es folgten nicht die Taten.

Im Mai 1994 verabredeten die UN-Mitglieder im japanischen Yokohama einen »Aktionsplan für eine sicherere Welt«. Es ging hier bereits um die Tsunami-Gefahr. »Schlüsselfaktoren« für mehr Sicherheit, hieß es damals treffend, seien Frühwarnsysteme. Zehn Jahre später fehlten sie bekanntlich im Indischen Ozean. Auch am Mittelmeer und am Atlantik kam niemand auf den Gedanken, Vorsorge gegen diese Bedrohung zu betreiben. Generell werden in Europa weniger Katastrophenschutzübungen betrieben denn je. Pläne verschwinden in Schubladen, Warnsirenen erklangen in Deutschland seit langem nicht mehr zu Übungszwecken.

Das war in Asien nicht anders. In Yokohama war beschlossen worden, den Katastrophenschutz in den Schulunterricht aufzunehmen. Es wurde nichts daraus. Es blieb bei vereinzelten Bemühungen. In Vietnam wurden in einem häufig überschwemmten Gebiet 2000 Hektar Mangroven angebaut, in Bangladesch an einigen Stellen Betonbauten auf Stelzen errichtet, die bei Überflutungen als Zufluchtsorte dienen sollen.

Vom Wetter gehen bislang die größten Gefahren für die Menschen aus. Extremes Wetter forderte bisher weit mehr Opfer als Erdbeben, Tsunamis und Vulkanausbrüche. Und Sturm- und Sturzfluten, Dürren sind Katastrophen, die vor allem die Armen der Welt ereilen. Sie leben in den gefährdeten Gebieten, denn nur dort können sie es sich überhaupt leisten zu wohnen. Und in diesen Gebieten fehlt es an allem, so auch am Katastrophenschutz. Nur wenn die reiche Welt betroffen ist, kommt ein Sinn für die Dringlichkeit der Situation auf. Das ist der Zynismus dieser Welt. Sollte ein Tsunami-Warnsystem im Indischen Ozean aufgebaut werden, dann vor allem deswegen, weil einige der Opfer, eine verschwindende Minderheit, aus dem wohlhabenden Westen kamen.

Ganz anders sieht es im wohlhabenden Westen selber aus. Auf Sylt beispielsweise wird für vier Millionen Euro im Jahr Vorsorge betrieben, vier Millionen allein für die Sandvorspülung. Sylt ist, wie alle Nord-, West- und Ostfriesischen Inseln ein instabiler Sandhaufen. Die Ostfriesischen Inseln sind im Laufe der Jahrhunderte regelrecht gewandert. Westwinde und Strömungen trieben sie nach Osten. Erst im 20. Jahrhundert wurden sie festgemacht, durch Küstenvorbauten. Die Nordfriesischen Inseln, also auch Sylt, wurden von vielen großen Sturmfluten mit zehntausenden Toten heimgesucht. Auch von den beiden »Groten Mandränken« 1362 (die erwähnte Marcellusflut) und 1634. Die Inseln wurden von diesen Sturmfluten geformt. Neue Eilande entstanden, alte verschwanden, immer änderte sich die Topografie.

Um Sylt vor diesem Schicksal zu bewahren, wurden Buhnen bis weit in das Wattenmeer hinausgebaut. Sie erwiesen sich als zu schwach, verliefen quer zu den Naturkräften, es reichten ein paar höhere Wellen, und sie wurden an den Strand getrieben. Um Abhilfe zu schaffen verfiel man 1982 auf die Sandvorspülung. Eine Million Kubikmeter Sand werden Jahr für Jahr vor die Westküste gespült, etwa die Menge, die das Meer dort regelmäßig verschlingt. Der Sand bildet eine schützende Bank vor der Insel. Würde er nicht ständig aufgefüllt – vorgespült –, dann würde die Westküste bald vom Meer weggerissen werden. So überlebt die Insel der Reichen und Schönen, finanziert mit Steuergeldern. Wegen des steigenden Meeresspiegels wird der Prozess immer aufwändiger, es muss mehr und mehr Sand vorgespült werden. Es gibt eine Alternative, nämlich nur noch auf der dem Meer abgewandten Ostseite zu bauen und der Natur ihren Lauf zu lassen. Dann würde die Insel jedes Jahr etwa 100 bis 150 Zentimeter zurückweichen. An der Ostseite könnte man noch gut 500 Jahre leben. Das wäre billiger. Und vielleicht baut sich der Sandhaufen Sylt seinen eigenen Schutz, indem er Bänke vorlagert. Aber die Steuerzahler können sich die teure Sandvorspülung leisten, das Symbol luxuriösen deutschen Lebensraums wird nicht vergehen.

Die kleinen Marshall-Inseln auf der anderen Seite der Welt können sich so etwas nicht erlauben. Sie müssten über einen Zeitraum von 100 Jahren mehr als sieben Prozent ihres Bruttosozialprodukts ausgeben – 380 Millionen Dollar –, um sich gegen den Anstieg des Meeresspiegels zu feien. Die Koralleninseln im Südpazifik aber haben nicht einmal das Baumaterial für Deiche.

Und Bangladesch würde bei einem Meeresspiegelanstieg von einem Meter 25 000 Quadratkilometer Land verlieren, 17,5 Prozent seiner Fläche. Millionen Menschen müssten umgesiedelt werden. Aber wohin? Und für ein modernes Deichsystem fehlt nicht nur das Geld. Das Schwemmland würde die Bauten gar nicht tragen, die Dämme würde mitsamt dem Land absacken. Wissenschaftler in Indien erforschen daher neue Formen des Anbaus, etwa die Bestellung von versalzenem Land. Untersucht wird dabei die Jatropha-Pflanze. Der hochgiftige Purgiernussbaum lässt sich auf degradierten Böden, also auch auf versalzenen, gut anbauen. Die Nüsse sind extrem fetthaltig. Aus ihnen lässt sich Diesel gewinnen, mit dem man wiederum kleine Landmaschinen antreiben kann. Es ist ein revolutionäres Modell, das auch auf Bangladesch passt und überhaupt den Vorteil erneuerbarer Energiequellen hat. Aber es hat einen Haken. Durch die Verbrennung wird der Ausstoß von Kohlendioxid weiter steigen. Soll man befördern, dass noch ein paar Millionen Menschen mehr zum Treibhauseffekt beitragen?

Gegenwärtig, da die Zeichen so sehr auf Wachstum stehen, dass der Umweltschutz fast schon Nostalgie geworden ist, wird auch die Tsunami-Katastrophe mit ihren rund 300 000 Todesopfern kein grundsätzliches Umdenken nach sich ziehen. Wie zu allen Zeiten wird man sich arrangieren, wird mit dem Meer leben, wird – im übertragenen Sinn – die Deiche einmal mehr höher ziehen.

Niemand muss den Holländern erklären, wie man Land gewinnt und die Küsten schützt, kein anderes Volk hat sich so sehr auf das Leben mit dem Meer eingerichtet. Ein großer Teil der Niederlande, gut die Hälfte, liegt unter dem Meeresspiegelniveau und wäre ohne Schutz verloren. Für die Holländer ist die »Watersnood 1953« das traumatische Ereignis der Nachkriegszeit. Am 1. Februar 1953 brach eine gewaltige Sturmflut über die Inseln der südwestlichen Niederlande herein. Kurz nach Vollmond: Sonne und Mond standen in einer Konstellation zueinander, die eine übermächtige Springflut erzeugte. Mit Windgeschwindigkeiten von hundertfünfzig Kilometern pro Stunde peitschte ein Orkan die Nordsee auf, türmte Wellen so hoch, wie seit Jahrhunderten nicht mehr. Dämme barsten, das Wasser überflutete die Polder. 200 000 Hektar Land standen unter Wasser, 47 000 Gebäude wurden zerstört, 1835 Menschen ertranken.

Danach wurde das zerfranste Delta von Rhein, Maas und Schelde zum Meer hin abgeschottet. Kilometerbreite Wasserwege wurden verschlossen, ohne Gezeitenströme, Flussläufe und Schifffahrt zu stören. Erst 1998 wurde der Deltaplan vollendet. An der Rheinmündung bei Hoek van Holland wurde der Bau einer Sturmflutwehr abgeschlossen und damit Technikgeschichte geschrieben. Die Tore, welche die Mündung absperren können, haben Kugelgelenke von zehn Metern Durchmesser. Nun, sagte man in Holland, habe man ein Schutzsystem fertiggestellt, das Fluten aushalten kann, wie sie nur einmal in zehntausend Jahren auftreten. Auch auf einen Anstieg des Meeresspiegels ist dieses System ausgerichtet.

Der Milliardenaufwand war möglich wegen des Reichtums des Landes und wegen der Einsicht, dass es keine Alternative gab. Man wollte nicht im Meer versinken und hatte die Kraft und die Weitsicht, sich davor zu bewahren.

Und heute, am Indischen Ozean? Wie wirken soziale Faktoren und die Katastrophe zusammen? Indien wird sie überwinden, es hat schon ganz andere Schicksalsschläge gemeistert, ist ohnehin zu sehr von seinen Macht- und Wachstumsträumen getrieben, um sich lange mit dem Tsunami aufzuhalten. Thailand dürfte sich schneller erholen als alle anderen Staaten in der Region und am schnellsten die effektivsten Schutzmaßnahmen treffen. Sri Lanka steht auf der Kippe: die Solidarität wird nicht lange währen, wenn Kindersoldaten und Selbstmordattentäter das Land bedrohen. Die Malediven sind am meisten gefährdet. Die nur etwa zwei Meter aus dem Meer herausragenden 1190 Koralleninseln haben unter dem steigenden Pegel und der vernichtenden Korallenbleiche schon vorher stark zu leiden gehabt. Jetzt sind ganze Inseln verloren gegangen, ein Viertel der Hotelanlagen zerstört worden. Die Schadenssumme ist doppelt so groß wie das Bruttosozialprodukt. Es ist möglich, dass die kleine Nation als solche untergeht. Das gilt nicht für Indonesien. Dieses Land war nur an seiner Peripherie betroffen. Aber in Aceh ist eine gefährliche, unvorhersehbare Lage entstanden. Dort kann ein neuer Brandherd im Kampf der Kulturen entstehen, wenn in der am schlimmsten betroffenen Provinz eine große Zahl von Einheimischen die Fremden, die indonesischen und amerikanischen Soldaten, die zivilen Helfer aus aller Welt, auch als Peiniger wiedererkennt, ja, als eigentliche Verursacher einer von Gott gewollten Strafe sieht. Die Wahrscheinlichkeit, dass in nächster Zeit ein neuer Tsunami kommt, ist weitaus geringer als die Möglichkeit eines Wiederaufflammens des Bürgerkriegs.

Und die Klimakatastrophe, die das Leben mit dem Meer bedroht? Die Klimaforscher streiten eigentlich nicht mehr über die *Ursachen* der Erderwärmung. Es sind die Politiker und Journalisten, die Regierungen und Völker, die über die *Folgen* uneins sind, und die miteinander hadern, was zu tun ist. Kann das Gefühl von der zusammenrückenden Welt, das nach der Jahrhundertkatastrophe aufkam, anhalten? Wird die Schicksalsflut die Welt auch dahingehend verändern? Anfang des Jahres 2005 standen die Zeichen gut, die ungeheure Hilfsbereitschaft ließ für die Zukunft auf ein solidarischeres Miteinander hoffen. Den Beweis aber, dass die Zeit des rohstoffvernichtenden, die Atmosphäre aufheizenden weltweiten Egoismus tatsächlich zu Ende ist, muss die Menschheit nach wie vor erst noch erbringen.

Anhang

Bangladesch

Volksrepublik Bangladesh

Fläche: 147 570 km²
Einwohner: 135 684 000 = 920 je km²
Hauptstadt: Dhaka
Amtssprache: Bengalisch
Bruttosozialprodukt 2002 je Einw.: 380 $
Arbeitslosigkeit Ø 1999/2000: 3,3 %

Landschaft und Landesstruktur

Relief: Größtenteils Tiefland, im südlichen Landesteil riesiges Delta der Mündungsarme von Ganges und Brahmaputra.
Klima: Tropenklima mit milden Wintern und feuchtheißen Sommern, Monsunregen von Juni bis Oktober, häufige Wirbelstürme und Überschwemmungen.
Verwaltung: 6 Provinzen mit 64 Bezirken
Größte Städte: Dhaka (9,9 Mio. Einw.), Chittagong (3,2 Mio. Einw.), Khulna (1,2 Mio. Einw.)

Geschichte und Politik

Der Großteil des heutigen Bangladesch liegt im östlichen Bengalen, einer ursprünglich vom Buddhismus geprägten Region, die Ende des 12. Jahrhunderts unter muslimische Herrschaft geriet. Zeitweilig unabhängig, wurde Bengalen 1578 Teil des Mogulreiches. Seit 1757 unter Kontrolle der Briten wurde es nach der Unabhängigkeit British-Indias 1947 als Ostpakistan vom Hindustaat Indien getrennt – rund 1000 Kilometer vom zweiten Teilstaat Westpakistan mit der damaligen Hauptstadt Karatschi entfernt. Die in den 1960er Jahren entstandene Unabhängigkeitsbewegung unter Sheik Mujibur Rahman erklärte Ostpakistan 1971 zur souveränen Volksrepublik Bangladesch. Der daraufhin ausbrechende Bürgerkrieg endete durch das Eingreifen Indiens mit der Kapitulation Westpakistans. Seit 1972 ist Bangladesh Mitglied im Britischen Commonwealth of Nations. Trotzdem kam es immer wieder zu Krisen. Zahlreiche Putschversuche und Regierungswechsel verhinderten wirtschaftliches Wachstum und politische Stabilisierung. 1991 wurde Bangladesch durch eine Verfassungsänderung zur Parlamentarischen Demokratie. Die von 1996 bis 2001 amtierende Premierministerin Sheik Hasina Wajed, die Tochter des 1975 ermordeten Staatsgründers Mujibur Rahman, wurde 2001 von Begum Khaleda Zia abgelöst.

Wirtschaft

Bangladesch ist eines der ärmsten Länder der Welt und in hohem Maße von Entwicklungshilfe abhängig. Über die Hälfte der Bevölkerung arbeitet in der Landwirtschaft, die unterentwickelte Industrie beschäftigt nur etwa 10% der Erwerbstätigen. Große Probleme bereiten die schlechte Versorgungslage und die hohe Arbeitslosigkeit. Ursachen für die katastrophale Wirtschaftslage sind häufige verheerende Naturkatastrophen und ein starkes Bevölkerungswachstum. Auf dem Index von Transparency International (TI) wurde Bangladesch 2001, 2002 und 2003 zudem als korruptester Staat weltweit geführt.

Weitere Daten

Kindersterblichkeit: 4,8%; **Säuglingssterblichkeit:** 7,3%; **Lebenserwartung:** 62 Jahre; **Analphabetenrate:** m 51%, w 70%

Religion: 87% Muslime (meist Sunniten), 12% Hindus; buddhistische und christliche Minderheiten

Indien

Republik Indien

Fläche: 3 287 263 km²
Einwohner: 1 048 641 000 = 319 je km²
Hauptstadt: New Delhi, **Amtssprache:** Hindi, Englisch, 17 gleichber. Regionalsprachen
Bruttosozialprodukt 2002 je Einw.: 470 $
Arbeitslosigkeit Ø 2003: 6,0%

Landschaft und Landesstruktur

Relief: Hochgebirge im Norden und Nordosten (Anteil am Himalaya); südlich davon Hochebenen und Tiefland; im südlichen Teil von einzelnen Gebirgen durchzogene Hochebene (Hochland von Dekkan); an der Westküste Gebirge mit schmalem Küstenstreifen, Tiefland an der Ostküste.
Klima: Subtropisch bis tropisch, von Monsunwinden geprägt.
Verwaltung: 28 States (Bundesstaaten) und 7 Territorities
Größte Städte: Mumbai (Bombay) (11,9 Mio. Einw.), Dehli (9,8 Mio. Einw.), Kolkata (Kalkuta) (4,5 Mio. Einw.)

Geschichte und Politik

Die eigentliche Vorgeschichte des seit der frühen Altsteinzeit besiedelten indischen Subkontinents begann um 2500 v. Chr. mit der bereits städtischen Indus- oder Harappa-Kultur. Um 1500 v. Chr. fielen bewaffnete Nomadenvölker ein, verbreiteten die indogermanische Sanskritsprache und ihren Glauben, aus dem sich der Hinduismus entwickelte. Das um 320 v. Chr. gegründete erste indische Großreich zerfiel ab 185 v. Chr. allmählich wieder. Um 450 n. Chr. begann mit den von Norden her einfallenden mongolischen Hunnen eine Periode der Invasionen. Im 8. Jh. drangen arabische Eroberer in den Punjab ein und brachten den Islam nach Indien. Das Mogulreich unter einer Reihe muslimischer Herrscher nahm seinen Anfang im 15. Jh.; ein Jahrhundert später gründeten Briten, Niederländer, Dänen und Franzosen erste Handelsgesellschaften in Ostindien. Den Kampf um die Territorialherrschaft konnte die Britisch-Ostindien-Kompanie 1757 durch den Sieg Robert Clives bei Plassey für sich entscheiden. Nach 1805 kontrollierten die Briten nahezu ganz Indien. Ab 1853 begann sich Widerstand gegen ihre Vorherrschaft zu regen: Die 1885 gegründete

Kongresspartei forderte Sozialreformen und politisches Mitspracherecht. Nach einem Massaker von britischen Soldaten an Teilnehmern einer Protestversammlung 1914 organisierte der Rechtsanwalt Mohandas Karamchand Gandhi, der den Beinamen Mahatma trug, den gewaltlosen Widerstand. 1947 wurde Indien schließlich in die Unabhängigkeit entlassen. Es erfolgte eine Teilung in den Hindustaat Indien und den Muslimstaat Pakistan. Die ersten Wahlen 1951 gewann die Kongresspartei, und Jawaharlal Nehru wurde der erste Premierminister des unabhängigen Indien. Ein bis heute andauernder Streit zwischen Pakistan und Indien um die Himalaya-Region Kashmir war 1965 einer der Anlässe für den zweiten pakistanisch-indischen Krieg. 1974 führte Indien einen Atombombenversuch durch und arbeitet seitdem fortwährend am Ausbau seiner Atomwaffen. Am 31.10.1984 wurde Premierministerin Indira Gandhi, die Tochter von Nehru, erschossen. Die Mörder gehörten der religiösen Reformbewegung der Sikhs an, deren separatistische Bestrebungen die Regierung vehement bekämpfte. 1998 ließ der neue Premier Atal Bihari Vajpayee erneut Atomtests durchführen und löste damit ein Wettrüsten mit Pakistan aus. Der Konflikt um Kashmir spitzte sich darauf wieder bedrohlich zu. Seit den Wahlen von 2004, aus denen die Kongresspartei als Siegerin hervorging, ist Manmohan Singh Regierungschef.

Wirtschaft

Die Wirtschaft entwickelte sich seit der Unabhängigkeit des Landes zunächst positiv. Die Landwirtschaft, in der heute immer noch 60% der Erwerbstätigen arbeiten, wurde modernisiert. Wichtigste Erzeugnisse sind Baumwolle, Tee, Reis, Gewürze, Kaffee und Jute. Auch die Industrie expandierte stark, sodass Indien heute zu den zwölf führenden Industrienationen gehört. Große Probleme bereiten die hohe Staatsverschuldung, das rasante Bevölkerungswachstum und die damit verbundene hohe Arbeitslosenzahl. Ebenfalls problematisch ist das Gefälle zwischen armen ländlichen Regionen und wirtschaftsstarken städtischen Räumen.

Weitere Daten

Kindersterblichkeit: 6,5%; **Säuglingssterblichkeit:** 9%; Lebenserwartung 63 Jahre; **Analphabetenrate:** m 32%, w 55%
Religion: 80,3% Hindus, 11% Muslime (8% Sunniten, 3% Schiiten), 2,4% Christen, 1,1% Sikhs und 0,5% Dschainas, 0,7% Buddhisten; 120000 Parsen

Indonesien

Republik Indonesien

Fläche: 1 912 988 km²
Einwohner: 211 716 000 = 111 je km²
Hauptstadt: Jakarta
Amtsprache: Indonesisch
Bruttosozialprodukt 2002 je Einw.: 710 $
Arbeitslosigkeit Ø 2003: 9,8 %

Landschaft und Landesstruktur

Relief: Die rund 13 500, fast durchgängig gebirgigen Inseln sind größtenteils vulkanischen Ursprungs (auf Irian Jaya höchster Berg 5030 m); auf einzelnen Inseln besonders an den Küsten Tiefland (Sumatra, Borneo, Irian Jaya).
Klima: Tropisch immerfeucht bzw. tropisches Monsunklima.
Verwaltung: 30 Provinzen, davon zwei Sonderbezirke: Jogjakarta und Aceh, und ein Hauptstadtbezirk: Jakarta
Größte Städte: Jakarta (9,3 Mio. Einw.), Surabaya (2,7 Mio. Einw.), Bandung (2,4 Mio. Einw.)

Geschichte und Politik

Die Zivilisation der heutigen Republik Indonesien begann etwa 2500 v. Chr. Damals drangen aus Hinterindien und Südchina stammende Völker in die Inselwelt im Indischen Ozean ein und mischten sich mit den bereits seit Jahrtausenden dort siedelnden Pygmäen. Ab dem 7. Jahrhundert stand ein Großteil der Inseln unter der Herrschaft des buddhistischen Großreichs Srivijaya (auf Sumatra), das im 13. Jahrhundert der hinduistischen Majapahit-Dynastie unterlag. Im 16. Jahrhundert erreichten die Portugiesen die Molukken. Sie mussten zu Beginn des 17. Jahrhunderts aber den Niederländern weichen, die zunächst die Kontrolle über Java und später über nahezu alle Inseln des heutigen Indonesien gewinnen konnten. Zwischen 1825 und 1830 kam es zu blutigen Aufständen der Javaner gegen die Kolonialherren. Während des Zweiten Weltkriegs besetzten die Japaner die indonesische Inselgruppe. Nach deren Kapitulation 1945 proklamierte Ahmed Sukarno, der Führer der Indonesischen Nationalpartei, die Unabhängigkeit Indonesiens, die schließlich 1949 von den Niederländern anerkannt wurde. Die instabile politische und wirtschaftliche Situation führte 1965 zu einem kommunistischen Putschversuch, der blutig niedergeschlagen wurde. 1976 annektierte Indonesien das bis dahin portugiesische Osttimor. 1997 wirkten sich die Asienkrise, eine Dürrekatastrophe und Waldbrände verheerend auf die Wirtschaft aus. In der Folge kam es zu schweren Unruhen. Schließlich trat der seit 1966 autoritär regierende Präsident Suharto 1998 zurück. Im Oktober 1999 wurde Abdurrahman Wahid zum Präsidenten gewählt, der wiederum 2001 von seiner Vizepräsidentin, der Sukarno-Tochter Megawati Sukarnoputri, abgelöst wurde. 2002 wurde Osttimor in die Unabhängigkeit entlassen, Autonomiebestrebungen in anderen Provinzen und religiöse Konflikte zwischen Christen und Moslems lassen das Land jedoch nicht zur Ruhe kommen. Sechs Jahre nach dem Ende der Militärdiktatur übernahm mit Ex-General Susilo Bambang Yudhoyono wieder ein Militär das höchste Staatsamt. Yudhoyono hatte sich im Herbst 2004 gegen die Amtsinhaberin durchsetzen können.

Wirtschaft

Langsam überwindet das Land die Folgen der Wirtschaftskrise. Nach Bewilligung neuer Auslandskredite und ersten Reformen nimmt das Wachstum wieder zu. Die Landwirtschaft repräsentiert mit 43% der Erwerbstätigen immer noch den größten Wirtschaftszweig. Angebaut werden hauptsächlich Reis sowie Kautschuk und Palmöl. Wichtige Industriezweige sind die Petroleum-, Erdgas- und Textilverarbeitung sowie die Elektroindustrie.

Das Wirtschaftssystem ist geprägt von marktwirtschaftlichen Strukturen mit gewissen staatlichen Planungselementen. In den Bereichen Erdöl/Erdgas sowie Stromübertragung und -verteilung hält der Staat das Monopol. Beim Bergbau, Düngemittel, Luftverkehr und Palmöl steht er mit eigenen Betrieben in Konkurrenz zur Privatwirtschaft.

Weitere Daten

Kindersterblichkeit: 3,2%; **Säuglingssterblichkeit:** 4,3%; **Lebenserwartung:** 67 Jahre; **Analphabetenrate:** m 8%, w 18%.

Religion: 86,9% Muslime, 6,5% Protestanten und Pfingstler, 3,1% Katholiken, 1,9% Hindus (v.a. auf Bali), 1% Buddhisten und Konfuzianer (meist Chinesen); Anhänger von Naturreligionen.

Kenia

Republik Kenia

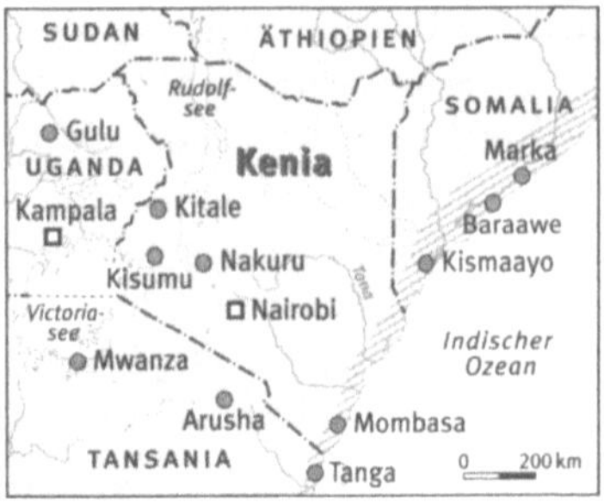

Fläche: 580 367 km²
Einwohner: 31 345 000 = 54 je km²
Hauptstadt: Nairobi
Amtssprache: Swahili
Bruttosozialprodukt 2002 je Einw.: 360 $
Arbeitslosigkeit Ø 2001: 25 %

Landschaft und Landesstruktur

Relief: Im Norden und Osten Nyika-Plateau, das nach Südwesten in Hochland übergeht, im Westen zum Ostafrikanischen Graben hin steil abfallende Gebirgskette.
Klima: Trockenheiß im Norden, feuchtheiß in der Küstenregion, gemäßigt im Hochland.
Verwaltung: Sieben Provinzen und Hauptstadtdistrikt
Größte Städte: Nairobi (2,1 Mio. Einw.), Mombasa (465 000 Einw.), Kisumu (185 000 Einw.)

Geschichte und Politik

Das moderne Kenia verdankt seine Entstehung einer Investition. 1896 begannen die Briten, die das Gebiet seit 1886 verwaltet hatten, mit dem Bau einer Eisenbahnlinie. Sie sollte die bereits seit Jahrtausenden genutzte Hafenstadt Mombasa mit Uganda verbinden. Weiße Siedler wurden ins Land geholt, die Kenia mit Hilfe einheimischer Zwangsarbeiter und indischer Vertragsarbeiter aufbauten. Ab den 1920er Jahren erhob die einheimische Bevölkerung Forderungen nach einem Ende der Rassendiskriminierung, die sie nach dem Zweiten Weltkrieg um die Forderung nach Unabhängigkeit erweiterte. Doch erst der Mau-Mau-Aufstand (1952–56) ließ die Briten schließlich Zugeständnisse machen. Farbige Einheimische wurden an politischen Entscheidungen beteiligt – ein Prozess, der 1963 in der Unabhängigkeit des Landes mündete. Jomo Kenyatta wurde Präsident. Er schaltete in den nächsten Jahren jegliche Opposition aus und wandelte Kenia in einen Einparteienstaat um. Nach seinem Tod 1978 übernahm Daniel arap Moi die Macht und setzte das autokratische Regime seines Vorgängers fort. Erst unter dem Druck der Geberländer und einer immer stärker werdenden Opposition leitete arap Moi zu Beginn der 1990er Jahre die Demokratisierung des Landes ein. Die ersten freien Wahlen von 1992 und 1997 bestätigten arap Moi noch im Amt. Erst 2002 musste er der Opposition unter Mwai Kibaki die Regierung überlassen. Immer wieder aufflammende ethnische Konflikte dominieren die innenpolitische Lage. Die durch Dürreperioden schwierige Versorgung der Bevölkerung mit Lebensmitteln sowie die verbreitete Korruption sind weitere Probleme.

Wirtschaft

Kenia gehört zu den ärmsten Ländern der Welt. Die Hälfte der Bevölkerung lebt unterhalb der Armutsgrenze. Hinzu kommt eine bedrückend hohe HIV-Infizierungsrate. Der wichtigste Wirtschaftszweig ist die Landwirtschaft. Drei Viertel aller Erwerbstätigen sind dort beschäftigt und produzieren mit Kaffee und Tee u. a. die wichtigsten Exportgüter des Landes. Kenia ist weltweit der größte Exporteur von Schwarztee, Pyrethrum (einem natürlichen Insektizid) und Schnittblumen. Der bedeutendste Wirtschaftszweig im Dienstleistungssektor ist die Tourismusbranche, nach der Landwirtschaft zweitwichtigster Devisenbringer des Landes. Ein weiterer wichtiger Wirtschaftszweig ist die Telekommunikation. Hier hat sich der Mobilfunksektor rasant entwickelt.

Weitere Daten

Kindersterblichkeit: 7,8 %; **Säuglingssterblichkeit:** 12,2 %; **Lebenserwartung:** 46 Jahre; **Analphabetenrate:** m 11 %, w 24 %.
Religion: 60 % Anhänger von Naturreligionen, 24,9 % Katholiken, 7 % Protestanten, 6 % Muslime.

Malaysia

Fläche: 329 733 km²
Einwohner: 24 305 000 = 74 je km²
Hauptstadt: Kuala Lumpur
Amtssprache: Malaiisch
Bruttosozialprodukt 2002 je Einw.: 3540 $
Arbeitslosigkeit Ø 2003: 3,6 %

Landschaft und Landesstruktur

Relief: Westmalaysia mit Ausläufern von Gebirgsketten, an der Küste Schwemmland mit Lagunen; Ostmalaysia mit Gebirgen im Norden und Schwemmland im Süden; ausgedehnte Regenwälder.
Klima: Immerfeuchtes Tropenklima.
Verwaltung: 13 Bundesstaaten (darunter neun Sultanate) und zwei Bundesterritorien
Größte Städte: Kuala Lumpur (1,2 Mio. Einw.), Ipoh (566 000 Einw.), Kelang (563 000 Einw.)

Geschichte und Politik

Das heutige Gebiet von Malaysia, bestehend aus dem südlichen Teil der Malaiischen Halbinsel sowie Sabah und Sarawak im Norden der Insel Borneo, war bereits in der späten Steinzeit besiedelt. Kleine malaiische Königreiche entstanden im 2. oder 3. Jahrhundert n. Chr., indische Händler brachten ihre Religion, den Hinduismus und Buddhismus mit. Bis zum 13. Jahrhundert standen viele dieser Staaten unter der Herrschaft verschiedener indonesischer Reiche. Im 14. Jahrhundert begann sich der Islam zu verbreiten. 1511 eroberten die Portugiesen die Hafenstadt Malakka – damals eines der wichtigsten Handelszentren Südostasiens –, wurden aber 1641 von den Niederländern vertrieben. 1795 gewannen die Briten dort die Oberherrschaft und konnten ihre Macht bis Anfang des 19. Jahrhunderts auf das gesamte heutige Gebiet Malaysias sowie Singapurs ausweiten. Nach kurzer Besatzung durch Japan im Zweiten Weltkrieg wurde Malaysia 1945 wieder unter britische Verwaltung gestellt. 1948 begann der jahrelange Kampf der Malaysier gegen die Briten, der 1957 schließlich in die Unabhängigkeit mündete. 1963 schlossen sich

Malaya, Sarawak, Sabak und Singapur zur Malaysischen Konföderation zusammen. Ethnische Konflikte führten jedoch bereits nach zwei Jahren zum Austritt Singapurs mit seinen überwiegend chinesischstämmigen Einwohnern.

Von den Auswirkungen der asiatischen Wirtschafts- und Finanzkrise war auch Malaysia stark betroffen. Zudem führten Differenzen über die richtige Lösungsstrategie zu einer schweren innenpolitischen Krise. In deren Folge kam es zu teilweise gewalttätigen Protesten gegen den langjährigen Regierungschef Mahathir bin Mohamad, dessen Führungsstil zunehmend autokratische Züge aufwies. Repressionen gegen die Opposition, darunter willkürliche Verhaftungen, trugen zur Verschärfung der Situation bei. Nach einer 22-jährigen Amtszeit wurde Mahathir im Herbst 2003 von Vize-Premier und Innenminister Abdullah Ahmad Badawi abgelöst.

Wirtschaft

Malaysia ist eine der bedeutendsten Industrienationen Südostasiens. Das Land hat in den letzten zwei Jahrzehnten eine rasante wirtschaftliche Entwicklung vollzogen. Vom agrarischen Rohstofflieferanten in den 1970er Jahren wurde es zu einer der wichtigsten Handelsnationen im Bereich der elektronischen und IT-Güter. Heute ist Malaysia der weltweit führende Mikrochipexporteur. Weitere Schwerpunkte liegen auf der Erdöl-, Erdgas-, Kupfer- und Zinnförderung sowie der Hightech-Industrie.

Weitere Daten

Kindersterblichkeit: 0,8%; **Säuglingssterblichkeit:** 0,8%; **Lebenserwartung:** 73 Jahre, **Analphabetenrate:** m 9%, w 17%.

Religion: 60,5% Muslime (v. a. Sunniten), 19,2% Buddhisten, 9,1% Christen, 6,3% Hindus, 2,6% chinesische Religionen.

Malediven

Republik Malediven

Fläche: 298 km²
Einwohner: 287 000 = 963 je km²
Hauptstadt: Malé
Amtssprache: Maldivisch
Bruttosozialprodukt 2002 je Einw.: 2170 $
Arbeitslosigkeit: k. Ang.

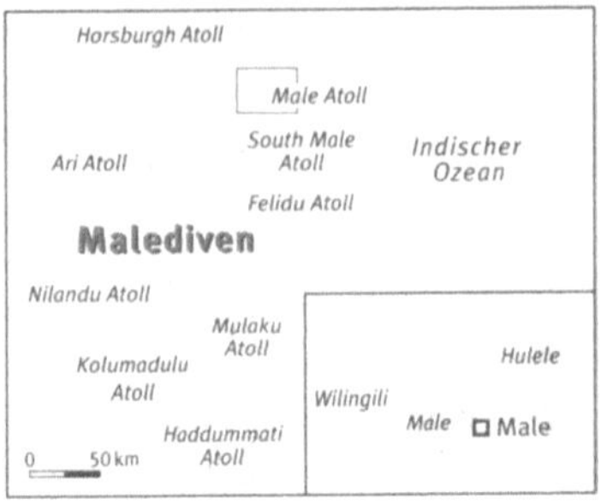

Landschaft und Landesstruktur

Relief: Zwanzig Inselgruppen (Atolle mit Korallenriffen) mit über 1000 Inseln (etwa 200 davon bewohnt).
Klima: Immerfeuchtes Tropenklima.
Verwaltung: 20 Distrikte (Atolle) und Hauptstadtdistrikt.
Größte Stadt: Malé (74 000 Einw.)

Geschichte und Politik

Die ersten Siedler der heutigen Republik Malediven waren buddhistische und hinduistische Völker aus Süd- bzw. Nordwestindien. Ab dem 9. Jahrhundert siedelten auch Araber und führten hierbei den Islam ein, der 1153 zur Staatsreligion erhoben wurde. Im 16. Jahrhundert versuchte Portugal kurzzeitig, die Malediven seinem Einflussbereich einzugliedern. 1645 übernahmen die Niederländer den Schutz der Inseln, mischten sich jedoch nicht in die inneren Angelegenheiten des Sultanats ein. 1887 wurden die Malediven britisches Protektorat; 1965 erhielten die Inseln dann die Unabhängigkeit und wurden 1968 zur Republik. Seit 1978 wird der Inselstaat von Maumoon Abdul Gayoom autoritär regiert. Zwei Putschversuche in den Jahren 1980 und 1988 schlugen fehl.

Wirtschaft

Trotz eines enormen Wirtschaftswachstums in den letzten Jahren, das ausschließlich der rasanten Entwicklung der Tourismusbranche zu verdanken ist, sind die Malediven immer noch einer der ärmsten Staaten der Erde. Fast die Hälfte der Inselbewohner lebt vom Fischfang. Wichtigstes Agrarprodukt sind Kokosnüsse. Annähernd der gesamte sonstige Lebensmittelbedarf muss importiert werden. Die maledivische Regierung hat

1989 mit einem Wirtschaftsreformprogramm begonnen und nach und nach Liberalisierungsmaßnahmen eingeleitet, die ausländische Investitionen erlauben.

Weitere Daten

Kindersterblichkeit: 5,8%; Säuglingssterblichkeit: 7,7%; Lebenserwartung: 69 Jahre; Analphabetenrate: m 3%, w 3%.
Religion: 99,9% Muslime (Sunniten)

Myanmar

Union Myanmar

Fläche: 676 552 km²
Einwohner: 48 786 000 = 72 je km²
Hauptstadt: Yangon (Rangun)
Amtssprache: Birmanisch
Bruttosozialprodukt 2002 je Einw.: k. Ang.
Arbeitslosigkeit Ø 2002/03: 3,5%

Landschaft und Landesstruktur

Relief: Mehrere Gebirgszüge von 1500 bis über 5000 m hohen Bergen schließen das über 1000 km lange Flussbecken des Irawadi ein.
Klima: Tropisches Monsunklima mit Regenzeit im Sommer.
Verwaltung: Sieben Staaten und sieben Verwaltungsbezirke
Größte Städte: Yangon (Rangun) (4,5 Mio. Einw.), Mandalay (532 000 Einw.), Mawlamyine (Moulmein) (219 000 Einw.)

Geschichte und Politik

Die ersten Siedler des heutigen Gebietes von Myanmar (auch Birma bzw. Burma) waren die Pyu und die Mon, die von den Birmanen unterworfen wurden. Im 11. Jahrhundert entstand das erste birmanische Königreich, das 1277 von den Mongolen unter Kublai Khan verwüstet wurde. Im 19. Jahrhundert eroberten die Briten das Gebiet, das 1886 eine Provinz von Britisch-Indien mit Rangun als Hauptstadt wurde. Nach blutigen Aufständen und dem Erstarken einer Unabhängigkeitsbewegung unter der Führung von Aung San gestanden die Briten Burma schließlich 1937 eine Teilautonomie zu. Die japanische Besatzung während des Zweiten Weltkriegs und der Kampf zwischen Japanern und Alliierten fügten dem Land schweren Schaden zu. 1948 wurde Burma endgültig unabhängig. Nachdem sich die politische und wirtschaftliche Lage zu Beginn der 1950er Jahre etwas stabilisiert hatte, kam es 1958 zu einer Regierungskrise, und das Militär übernahm die Macht. Zwischen 1960 und 1990 erschütterten das Land immer wieder schwere Unruhen. 1989 erfolgte die Umbenennung in Myanmar. Die von Aung San Suu Kyi, Tochter von Aung San, gegründete Nationale Liga für Demokratie gewann die ersten freien Wahlen seit 30 Jahren im Mai 1990 mit überwältigender Mehrheit.

Das Militär weigerte sich jedoch, die Macht aus der Hand zu geben, und Aung San Suu Kyi wurde unter Hausarrest gestellt; 1991 bekam sie den Friedensnobelpreis verliehen. Seit 2000 bemüht sich der Staatsrat um Entspannung; 2002 wurde Aung San Suu Kyi aus dem Hausarrest entlassen. Im Norden des Landes kommt es seit Jahrzehnten zu Auseinandersetzungen zwischen Rebellen der ethnischen Minderheiten der Shan und Karen mit Regierungstruppen.

Wirtschaft

Myanmar ist ein fruchtbares Land und verfügt über viele Bodenschätze. Allerdings behindern die vom Ausland verhängten Sanktionen aufgrund des Vorgehens der Militärs sowie ein schwerfälliger, korrupter Verwaltungsapparat die wirtschaftliche Entwicklung. Land- und Forstwirtschaft sowie Fischerei sind nach wie vor die ertragreichsten Wirtschaftszweige; die Industrie ist unterentwickelt. Myanmar gehört nach Schätzungen von UN-Drogenexperten noch immer zu den größten Opiumexporteuren der Welt. Obwohl die Militärregierung angeblich gegen die Drogenbosse der Wa im Norden vorgeht, soll das Regime in den Drogenhandel verwickelt sein.

Weitere Daten

Kindersterblichkeit: 7,7%, Säuglingssterblichkeit: 10,8%, Lebenserwartung: 57 Jahre, Analphabetenrate: m 11%, w 19%.
Religion: 87,2% Buddhisten, 5,6% Christen, 3,6% Muslime, 2,6% Anhänger von Naturreligionen.

Seychellen

Republik Seychellen

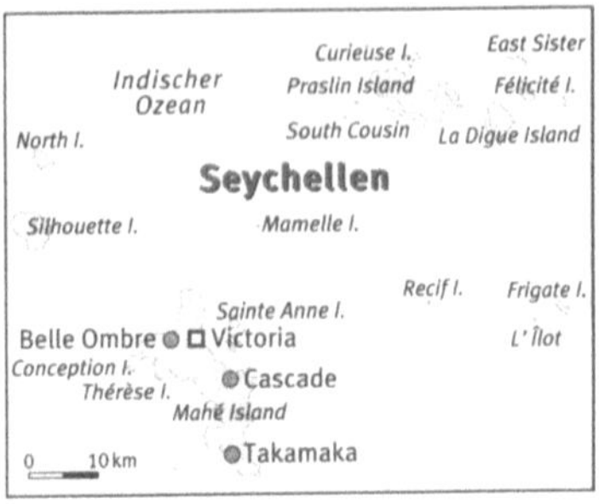

Fläche: 454 km²
Einwohner: 84 000 = 185 je km²
Hauptstadt: Victoria
Amtssprachen: Kreolisch, Engl, Franz.
Bruttosozialprodukt 2002 je Einw.: 6780 $
Arbeitslosigkeit: k. Ang.

Landschaft und Landesstruktur

Relief: Vier Hauptinseln mit felsiger Steilküste und bewegtem Gebirgsrelief, die übrigen über hundert Inseln bilden Korallenriffe und -atolle.
Klima: Tropisch mit konstant hohen Temperaturen und hoher Luftfeuchtigkeit.
Verwaltung: 23 Distrikte
Größte Stadt: Victoria (60 000 Einw.)

Geschichte und Politik

Die Seychellen wurden gleich dreimal entdeckt: Im 7. Jahrhundert von den Arabern, 1502 von den Portugiesen und 1743 von Frankreich. Letzteres beanspruchte die unbewohnte Inselgruppe für sich: Ab 1770 ließen sich auf den größten Inseln die ersten Siedler nieder. Weite Regenwaldgebiete wurden gerodet, um Platz zu schaffen für große Baumwollplantagen, die mit Hilfe von Sklaven aus Afrika und Madagaskar bewirtschaftet wurden. Nach den Napoleonischen Kriegen verlor Frankreich die Seychellen 1814 an Großbritannien. Die Briten entließen die Sklaven in die Freiheit. Damit musste die Plantagenwirtschaft umgestellt werden: Statt der arbeitsintensiven Baumwolle baute man nun Kokosnüsse, Vanille und Zimt an. 1903 wurden die Seychellen britische Kolonie, die 1976 in die Unabhängigkeit entlassen wurde. Die erste Regierung wurde bald durch einen Staatsstreich gestürzt. Der neue Präsident, France-Albert René änderte die Verfassung und wandelte die Seychellen in einen Einparteienstaat sozialistischen Typs um. Erst auf Druck der Geberländer Frankreich und Großbritannien leitete er 1991 die Demokratisierung ein. In einem Referendum wurde 1993 die neue Verfassung, die ein Mehrparteiensystem vorsah, angenommen. In den ersten freien Wahlen von 1993 wurden René und seine Partei demokratisch legitimiert, René bei den um zwei Jahre vorgezogenen Präsidentschaftswahlen 2001 wieder gewählt.

Wirtschaft

Die Seychellen haben in den vergangenen Jahren wirtschaftlich einen großen Sprung nach vorne getan und gehören heute zu den so genannten Schwellenländern. Dabei haben sich vor allem Bestrebungen ausgezahlt, den Archipel zu einem wichtigen internationalen Handels- und Finanzzentrum (Freihandelszone, Offshore-Finanzdienste) der Region zu machen. Die Landwirtschaft baut heute fast nur noch für die Eigenversorgung an, von größerer Bedeutung ist die Fischerei; die Seychellen verfügen über die größten Thunfischbestände der Welt. Haupteinnahmequelle ist jedoch der Tourismus.

Weitere Daten

Kindersterblichkeit: 1,2%, **Säuglingssterblichkeit:** 1,6%, **Lebenserwartung:** 73 Jahre, **Analphabetenrate:** k. Ang.,
Religion: 88,6% Katholiken, 8% Anglikaner

Somalia

Republik Somalia

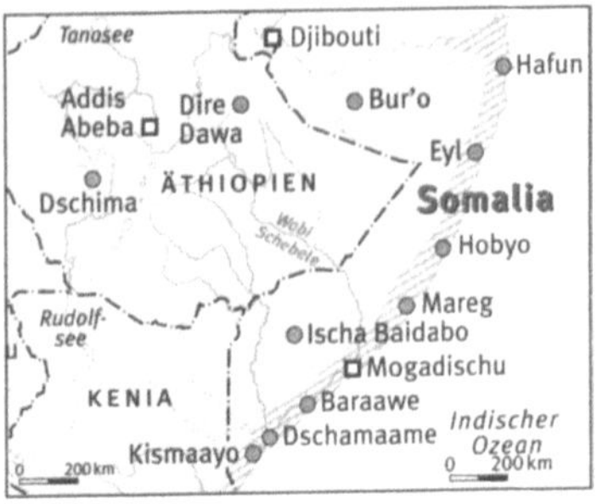

Fläche: 637 657 km^2
Einwohner: 9 319 000 = 14,6 je km^2
Hauptstadt: Mogadischu
Amtssprache: Somali
Bruttosozialprodukt: k. Ang.
Arbeitslosigkeit: k. Ang.

Landschaft und Landesstruktur

Relief: Östlichster, am Horn von Afrika gelegener Staat Afrikas; Korallenriffe vor der Nordküste; zerklüftetes Bergland im Norden, nach Süden abflachend; vorwiegend Trockensavanne.
Klima: Wüstenklima, von Monsunwinden bestimmt; trockener Nordost-Monsun, regenreicher Südwest-Monsun.
Verwaltung: 18 Provinzen
Größte Städte: Mogadischu (1,2 Mio. Einw.), Hargeysa (70 000 Einw.), Kismaayo (70 000 Einw.)

Geschichte und Politik

Die somalische Halbinsel ist wahrscheinlich mit dem legendären Weihrauchland Punt identisch. Seit dem 7. Jahrhundert errichteten Jemeniten und Omaner entlang seiner Küste Handelsstützpunkte und islamisierten die dort lebenden nomadisierenden Somalier. Ab 1698 gehörte der Nordosten des Landes zum Sultanat Oman. Durch die Öffnung des Suez-Kanals (1869) rückte die Somali-Halbinsel in den Mittelpunkt kolonialer Interessen der Franzosen, Italiener und Briten. Äthiopien nutzte die Gunst der Stunde und besetzte die Provinz Ogaden. Die willkürliche Grenzziehung der Kolonialmächte beschnitt nicht nur die Wandergebiete der Nomaden, sondern führte auch zu einer Zersplitterung der somalischen Clans auf mehrere Kolonien und Staaten. Nach Erlangung der Unabhängigkeit (1960) und dem Zusammenschluss des italienischen und britischen Gebietes wurde die Wiedervereinigung der Somalier zum wichtigsten Ziel sowohl der zivilen Regierung Osman (1960–67) als auch der Militärregierung unter Barre (1969–91). Es folgten Auseinandersetzungen mit Kenia und Äthiopien sowie ein jahrelanger Bürgerkrieg. Machtkämpfe rivalisierender Clans, Hungersnöte und Flüchtlingselend bestimmen seither die somalische Politik. 1991 spaltete sich der Norden des Landes als Republik Somaliland ab, eine UN-Friedensmission scheiterte 1995, das Friedensabkommen von 1997 wurde nicht eingehalten. 1998 erklärte sich die Region Puntland einseitig für unabhängig. Weder Puntland noch Somaliland erkannten das 2000 nach einer Versöhnungskonferenz in Dschibuti eingesetzte Übergangsparlament und den neu gewählten Präsidenten, Abdulkassim Salat Hassan, an. Die Kämpfe rivalisierender Clans gehen seither mit unverminderter Härte weiter.

Wirtschaft

Somalias Wirtschaft ist durch die jahrzehntelang andauernden Kriege fast vollständig zerstört. Die Landwirtschaft dient hauptsächlich der Selbstversorgung. Lediglich Bananen, Holzkohle und Vieh werden exportiert. Die Industrie des Landes ist wenig entwickelt. Vorhandene Bodenschätze werden bislang kaum ausgebeutet. In den eher sicheren Regionen im Norden des Landes, v. a. »Somaliland«, hat der Handel über die Seehäfen (Berbera, Bosasso) und die wirtschaftliche Betätigung insgesamt einen spürbaren Aufschwung genommen, der jedoch ausschließlich der dort lebenden Stadtbevölkerung zugute kommt.

Weitere Daten

Kindersterblichkeit: 13,3 %; **Säuglingssterblichkeit:** 22,5 %; **Lebenserwartung:** 47 Jahre

Religion: 99,8 % Muslime (Sunniten schafiitischer Richtung); christl. Minderheiten.

Sri Lanka

Demokratische Sozialistische Republik

Fläche: 65 610 km²
Einwohner: 18 968 000 = 289 je km²
Hauptstadt: Colombo
Amtssprachen: Singhalesisch, Tamil
Bruttosozialprodukt 2002 je Einw.: 850 $
Arbeitslosigkeit Ø 2003: 8,4%

Landschaft und Landesstruktur

Relief: Tropischer Regenwald im Süden, Savanne im Osten und Norden; in der Mitte ein Gebirgszug mit über 2500 m Höhe, umgeben von Tiefland und Küstenebenen.

Klima: Tropisch mit unterschiedlichen Niederschlagsverhältnissen auf Grund der Wirkungen der Monsune.

Verwaltung: Neun Provinzen, wovon eine, die Northern Province, fast ausschließlich von der Untergrundorganisation, der Liberation Tiger of Tamil Eelam (LTTE), kontrolliert wird.

Größte Städte: Colombo (642 000 Einw.), Dehiwala-Mount Lavinia (209 000 Einw.), Moratuwa (177 000 Einw.)

Geschichte und Politik

Bereits Jahrtausende bevor der indische Prinz Vijaya 483 v. Chr. die Dynastie der Singhalesen gründete, war das Gebiet des heutigen Sri Lanka von den so genannten Wedda bevölkert. Ab dem 3. Jahrhundert wanderten südindische Tamilen ein und ließen sich im Norden der Insel nieder. 1505 landeten die Portugiesen auf der Insel, die sie »Cilão« nannten. Sie gründeten zahlreiche Städte und betrieben einen lukrativen Gewürzhandel. 1656 wurden sie von den Niederländern vertrieben, die wiederum 1796 den Briten weichen mussten. Diese machten die Insel 1802 zur Kronkolonie Ceylon und entließen sie schließlich 1948 im Rahmen des Commonwealth in die Unabhängigkeit. 1972 wurde Ceylon im Zuge einer Verfassungsänderung in Demokratische Sozialistische Republik Sri Lanka umbenannt. Bereits seit 1958 bestimmte der immer wieder aufflammende ethnische Konflikt zwischen buddhistischen Singhalesen und der hinduistischen Tamilen-Minderheit die innenpolitische Situation im Land. Ab 1983 eskalierte der Konflikt zum Bürgerkrieg und forderte über 65 000 Menschenleben. Erst unter Vermittlung Norwegens kam es 2002 zu einem Waffenstillstand. Bei den anschließenden Friedensgesprächen zwischen der tamilischen Rebellenorganisation Liberation Tiger of Tamil Eelam (LTTE) und der Regierung einigten sich beide Seiten im Dezember 2002 auf ein friedliches Zusammenleben in einer Föderation. Seit 1994 regiert die Staatschefin Chandrika Bandaranaike Kumaratunga (SLFP).

Wirtschaft

Die Wirtschaft Sri Lankas wurde zuletzt durch Arbeitslosigkeit, eine hohe Inflationsrate sowie die Auswirkungen des Bürgerkriegs negativ beeinflusst. Im Rahmen einer internationalen Geberkonferenz 2002 sagten die Teilnehmer Sri Lanka eine Soforthilfe von 60 Mio. US-$ für den Wiederaufbau des Landes zu. Wichtigster Sektor ist die Landwirtschaft: Rund 39% der Erwerbstätigen arbeiten auf den großen Tee-, Kautschuk- und Kokosplantagen. Sri Lanka verfügt außerdem über Saphire, Rubine, Topase sowie eine Vielfalt an Halbedelsteinen, die zu den wichtigsten Exportgütern der Insel gehören.

Weitere Daten

Kindersterblichkeit: 1,6%; **Säuglingssterblichkeit:** 1,9%; **Lebenserwartung:** 74 Jahre; **Analphabetenrate:** m 6%, w 11%.
Religion: 76,7% Buddhisten, 8,5% Muslime, 7,9% Hindus, 6,1% Katholiken.

Tansania

Vereinigte Republik Tansania

Fläche: 945 087 km²
Einwohner: 35 181 000 = 37 je km²
Hauptstadt: Dodoma, **Regierungssitz:** Dar es Salaam, **Amtssprachen** Swahili, Englisch
Bruttosozialprodukt 2002 je Einw.: 290 $
Arbeitslosigkeit: k. Ang.

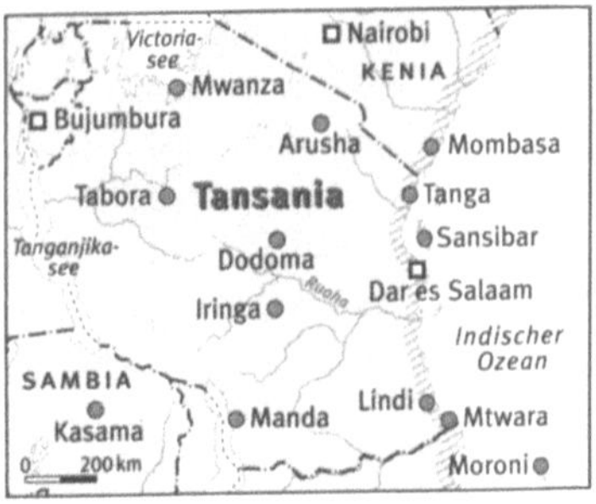

Landschaft und Landesstruktur

Relief: Bestehend aus dem Festland Tanganyika – überwiegend Hochland (Kilimandscharo als höchster Berg Afrikas 5895 m) – und mehreren, sehr flachen Koralleninseln (Sansibar, Pemba); Anteile an Victoriasee, Tanganyikasee, Malawisee.
Klima: Wechselfeucht tropisch in der Küstenregion und auf den Inseln, im Hochland trockener und milder.
Verwaltung: 26 Regionen
Größte Städte: Dar es Salaam (1,4 Mio. Einw.), Mwanza (223 000 Einw.), Tabora (214 000 Einw.)

Geschichte und Politik

Tansania gehört zu den ältesten Siedlungsgebieten der Menschheit. Das Küstengebiet um Dar es Salaam und die Insel Sansibar waren bereits seit dem 1. Jahrhundert n. Chr. bedeutende Handelszentren für Gold und Elfenbein. Nach der Entdeckung des Seeweges nach Indien (1498) gelangten die Portugiesen an die Küste Ostafrikas. 1698 eroberten Araber aus dem Sultanat Oman Sansibar und betrieben von dort einen lukrativen Sklaven- und Elfenbeinhandel. 1888 erwarb Carl Peters für die Deutsch-Ostafrikanische Gesellschaft den gesamten Küstenstreifen Tanganyikas, 1891 wurde die Region zur deutschen Kolonie erklärt, nachdem Großbritannien im Helgoland-Sansibar-Abkommen (1890) die deutsche Präsenz anerkannte und sich selbst als Kolonialmacht auf Sansibar etablierte. Nach dem Ersten Weltkrieg wurde Tanganyika vom Völkerbund unter britisches Mandat gestellt. 1946 machten die UN Großbritannien zur Auflage, das Land auf die Unabhängigkeit 1961 vorzubereiten. 1963 erhielt auch Sansibar die Unabhängigkeit, ein Jahr später schlossen sich beide zur Vereinigten Republik von Tanganyika und Sansibar (Tansania) zusammen. Ab 1967 steuerte die Regierung unter Präsident Julius K. Nyerere einen sozialistischen Kurs afrikanischer Prägung. Durch zunehmende innenpolitische Spannungen und auf Druck von außen setzte seit 1992 eine Liberalisierung und Demokratisierung ein. 1995 fanden die ersten demokratischen Wahlen statt, aus denen die ehemalige Einheitspartei als Siegerin hervorging. Bis zu einem jüngst geschlossenen Friedensabkommen bedrohten Ausschreitungen zwischen der Opposition und der Regierungspartei vor allem auf Sansibar die innenpolitische Stabilität.

Wirtschaft

Tansania ist weitestgehend abhängig von Entwicklungshilfe. Probleme bereiten besonders die hohe Arbeitslosigkeit, die aufgrund von Dürreperioden bzw. sintflutartigen Regenfällen mangelhafte Versorgungslage sowie die fortschreitende HIV-Infizierung. Exportiert werden u. a. Kaffee, Tee und Tabak. Tansania gilt als wildreichstes Land der Erde: Es verfügt über sieben Reservate und zehn Nationalparks. Kulturell ist das Land vor allem schwarzafrikanisch (Festland) bzw. arabisch-islamisch (Inseln) geprägt.

Trotz Fortschritten und einer gegenwärtig beachtlichen Stabilität ist Tansania immer noch eines der ärmsten Länder der Welt.

Weitere Daten

Kindersterblichkeit: 10,4%; **Säuglingssterblichkeit:** 16,5%; **Lebenserwartung:** 43 Jahre; **Analphabetenrate:** m 16%, w 33%.
Religion: 35% Muslime (97% auf Sansibar), 33% Katholiken, 13% Protestanten; Anhänger von Naturreligionen; Minderheit von Hindus.

Thailand

Königreich Thailand

Fläche: 513 115 km²
Einwohner: 61 613 000 = 120 je km²
Hauptstadt: Krung Thep (Bangkok)
Amtsprache: Thailändisch
Bruttosozialprodukt 2002 je Einw.: 2000 $
Arbeitslosigkeit Ø 2003: 2,2 %

Landschaft und Landesstruktur

Struktur: Kerngebiet ist das fruchtbare Menambecken, das von Hügelland, Plateaus und Gebirgszügen (bis 2000 m) umgeben ist.
Klima: Tropisches Monsunklima mit gleich bleibend hohen Temperaturen. Regenzeit von Mai bis Oktober.
Verwaltung: Fünf Regionen und 75 Provinzen
Größte Städte: Krung Thep (Bangkok) (6,3 Mio. Einw.), Samut Prakan (378 000 Einw.), Nonthaburi (291 000 Einw.)

Geschichte und Politik

Im 8. Jahrhundert n. Chr. eroberten die Khmer sukzessive das Gebiet des heutigen Thailand. Sie wurden im 13. Jahrhundert von den Thai vertrieben, die 1238 in der alten Stadt Sukhothai das Königreich Siam gründeten. Zwar musste das siamesische Königreich ab dem 17. Jahrhundert größere Gebiete an die europäischen Hegemonialmächte Frankreich und Großbritannien abtreten, geriet aber nie unter Kolonialherrschaft. 1932 wurde durch einen unblutigen Militärputsch die absolute Monarchie in eine konstitutionelle umgewandelt. Die eigentliche Macht im Lande übernahm das Militär. Siam wurde 1939 in Thailand umbenannt. Im Zweiten Weltkrieg verbündete sich Thailand mit Japan und Deutschland. Nach dem Krieg regierte vorübergehend eine Zivilregierung, bis 1947 erneut das Militär die Macht übernahm. 1973 kam es auf Grund der desolaten Wirtschaftslage zu schweren Unruhen und zum Sturz des korrupten Militärregimes. Die folgende Demokratisierungsperiode dauerte nur drei Jahre, dann riss das Militär die Macht erneut an sich. Im Mai 1992 wurde eine Demonstration für mehr Demokratie mit Waffengewalt beendet; Chuan Leekpai übernahm nach den von König Bhumibol angesetzten

Parlamentswahlen im September den Posten des Regierungschefs. Bei den Wahlen im Januar 2001 errang die erst 1998 von dem Unternehmer Thaksin Shinawatra gegründete Partei Thai Rak Thai (Thais lieben Thais) über die Hälfte der 500 Abgeordnetenmandate; ungeachtet eines Korruptionsverfahrens gegen ihn wurde Thaksin neuer Premier. Seine Wiederwahl im Frühjahr 2005 wurde Thaksin, der sich nach der Flutkatastrophe als Krisenmanager profiliert hatte, zum Triumphzug.

Wirtschaft

Thailands Wirtschaft basiert auf der Industrie und dem Dienstleistungssektor. Das Sozialprodukt (BIP) entsteht zu 53% im Dienstleistungsbereich, 37% in der Industrie und 10% in der Landwirtschaft. Vor allem Reis und Zinn gehören zu den Hauptexportgütern. Die »dual track economy« der gegenwärtigen Regierung zielt einerseits auf eine Stimulierung der Binnenwirtschaft durch kreditfinanzierte Ausgabenprogramme zugunsten der ländlichen Bevölkerung und andererseits auf eine Steigerung der internationalen Wettbewerbsfähigkeit.

Weitere Daten

Kindersterblichkeit: 2,4%; **Säuglingssterblichkeit:** 2,8%; **Lebenserwartung:** 69 Jahre; **Analphabetenrate:** m 3%, w 6%.
Religion: 94,6% Buddhisten, 4,6% Muslime (Malaien), 0,7% Christen.

Verheerende Naturkatastrophen

Die folgende Chronologie versteht sich exemplarisch und erhebt keinen Anspruch auf Vollständigkeit.

Vor 200 Millionen Jahren Ein Meteoriteneinschlag beendet einen Großteil des irdischen Lebens. In Deutschland zeugen Gesteinsschichten, so genannte Tsunamite, von einem verheerenden Tsunami.

Vor 65 Millionen Jahren Der Aufprall eines Meteoriten bei Mexiko löscht die Saurier aus. Eine Tsunami-Welle von mehreren hundert Meter Höhe rast über das urzeitliche Meer.

21. Juli 365 Ein Seebeben im östlichen Mittelmeer löst einen Tsunami aus. Tausende Einwohner von Alexandria sterben.

1. Oktober 1634 Eine Sturmflut, die so genannte Zweite Mandränke, verwüstet die nordfriesische Küste. Die Zahl der Opfer liegt zwischen 8000 und 15 000.

1. November 1755 Eine der folgenreichsten Naturkatastrophen der Neuzeit zerstört Lissabon. Das Epizentrum des Bebens liegt einige hundert Kilometer vor der Küste Portugals. Der Hafenbezirk Lissabons wird von mehreren bis zu 15 Meter hohen Tsunami-Wellen heimgesucht, rund 60 000 der 250 000 Einwohner verlieren ihr Leben.

27. August 1883 Ausgelöst durch den Ausbruch des indonesischen Vulkans Krakatau erreicht eine Flutwelle die Inseln Java und Sumatra. 36 000 Menschen sterben.

15. Juni 1896 Ein Tsunami, verursacht durch ein Seebeben, tötet 26 000 Teilnehmer eines religiösen Festes in Sanriku/Japan.

18. April 1906 Ein Beben entlang des Sankt-Andreas-Graben erschüttert San Francisco. Es ist die Rede von 700 Toten – vermutlich waren es viermal so viele.

28. Dezember 1908 Messina/Italien wird von einem Beben der Stärke 7,5 heimgesucht. 70 000 bis 100 000 Tote.

16. Dezember 1920 In Kansu/China an der Grenze zur Mongolei kommen bei einem Beben der Stärke 8,6 etwa 200 000 Menschen um.

22. Mai 1927 In China sterben in der Nähe der Stadt Xining 200 000 Menschen bei einem Beben der Stärke 8,3.

21. August 1931 China: Ein Taifun lässt den Jangtse über seine Ufer treten. Die Zahl der Toten wird auf über eine Million geschätzt. Rund 80 Millionen Menschen sind von der Flutkatastrophe betroffen.

25. Dezember 1932 China: vermutlich 70 000 Tote nach einem Beben der Stärke 7,6.

30. Mai 1935 In Indien und Pakistan kommen rund 50 000 Menschen bei einem Beben der Stärke 7,5 ums Leben.

1. April 1946 Hawaii wird von Ausläufern eines 3750 Kilometer entfernten Erdbebens heimgesucht. Mit einer Geschwindigkeit von 700 Stundenkilometern erreicht der Tsunami nach nur fünfeinhalb Stunden den hawaiischen Archipel. 165 Menschen sterben.

5. Oktober 1948 Turkmenistan: Ein Beben der Stärke 7,3 kostet bis zu 110 000 Menschen das Leben.

Juli/August 1959 Bei Überschwemmungen nach ausgedehnten Regenfällen kommen in China zwei Millionen Menschen um.

22. Mai 1960 Erdbeben der Stärke 9,5 bei Valdivia an der Küste Chiles. In der Folge entsteht eine Flutwelle, die auf ihrem Weg über den Pazifik Teile der Philippinen, der Insel Okinawa und des japanischen Festlandes zerstört. 2000 bis 5700 Menschen kommen ums Leben.

16./17. Februar 1962 Der Orkan Vincinette rast mit 130 Stundenkilometern über Norddeutschland hinweg. Die Elbe steigt auf knapp 4,20 Meter über dem mittleren Hochwasser. In Hamburg brechen Deiche, 20 Prozent des Stadtgebietes werden überschwemmt. 315 Menschen sterben.

3.–6. Oktober 1963 Der Hurrikan Flora tobt auf Haiti, Kuba und Tobago. 9000 Menschen sterben, über 100 000 werden obdachlos. Allein auf Kuba müssen 50 000 Menschen evakuiert werden.

4. November 1966 Nach sintflutartigen Regenfällen stehen Teile Österreichs und der Norden Italiens unter Wasser. In den Fluten kommen fast 150 Menschen ums Leben. In Florenz und Venedig, wo der Wasserstand mit 1,70 Meter über Normal die höchste Marke seit fast tausend Jahren erreicht, zerstören die Wassermassen zahlreiche unersetzbare Kunstschätze.

November 1970 Ein Taifun in Bangladesh verursacht eine Sturmflut. 300 000 Menschen sterben.

19. Juni 1972 Der Hurrikan Agnes verursacht die größte Überschwemmungskatastrophe in der Geschichte der USA.

16. August 1976 5000 Bewohner der Philippinen fallen einem Tsunami zum Opfer.

27. Juli 1976 Das schwerste Beben seit Ende des Zweiten Weltkriegs erschüttert die chinesische Provinz Hebei mit einer Stärke von 8,0. Laut offiziellen Angaben beläuft sich die Zahl der Todesopfer auf 255 000, nach inoffiziellen Angaben auf bis zu 800 000.

19. September 1985 Ein schweres Beben der Stärke 8,1 vor der Westküste Mexikos zerstört einen Großteil der rund 350 Kilometer entfernten Stadt Mexico City. Die Bebenwellen werden durch den weichen Untergrund eines ehemaligen Sees, auf dem Teile der Stadt errichtet wurden, verstärkt. Während in unmittelbarer Nähe des Epizentrums kaum Auswirkungen spürbar sind, sterben in Mexico City 20 000 Menschen, der historische Stadtkern wird zu 35 Prozent zerstört.

7. Dezember 1988 Erdbeben der Stärke 7,5 in Nordarmenien. Der Bebenherd liegt direkt unter der Stadt Spitak. 25 000 bis 55 000 Menschen sterben.

17. Oktober 1989 Ein Beben der Stärke 7,2, dessen Epizentrum knapp hundert Kilometer von San Francisco entfernt liegt, richtet in der Stadt große Schäden an. Der Marina District wird fast vollständig zerstört.

21. Juni 1990 Bis zu 55 000 Menschen fallen einem Beben der Stärke 7,7 im Nordwesten Irans zum Opfer.

August 1992 In Florida und Louisiana verursacht Hurrikan Andrew Schäden in Höhe von 30 Milliarden Dollar – die teuerste Naturkatastrophe der USA. Der Hurrikan zerstört 63 000 Wohnungen, 250 000 Menschen werden obdachlos.

30. September 1993 Erdbeben der Stärke 6,4 in Maharashtra, Indien; vermutlich 30 000 Tote.

17. Januar 1995 Ein Beben der Stärke 6,9 erschütterte Japan und verwüstete die Stadt Kobe; 6500 Tote.

Juli 1997 Nach lang anhaltenden Regenfällen steigen treten die Oder, Neiße und Elbe über ihre Ufer. Hunderte von Städten und Dörfern werden überflutet, mehr als 100 Menschen kommen in Deutschland, Polen und Tschechien ums Leben.

Februar und Mai 1998 Bis zu 10 000 Menschen sterben bei zwei Beben im Norden Afghanistans.

Juni 1998 China wird von einem Jahrhunderthochwasser heimgesucht, bei dem nach offiziellen Angaben 3656 Menschen ums Leben kamen – unveröffentlichten Dokumenten zufolge waren es mehr als 13 000.

250 000 Quadratkilometer Land werden überflutet, 5,6 Millionen Häuser einfach weggeschwemmt. Der wirtschaftliche Schaden beläuft sich auf 30 Milliarden Euro.

August 1998 Bei der »Jahrhundertflut« tritt die Elbe zunächst in der Tschechischen Republik und Polen über die Ufer und richtet dann schwere Schäden in Deutschland an, wo 21 Menschen ums Leben kommen.

Oktober 1998 Mit knapp 290 Stundenkilometern rast der Hurrikan Mitch über Nicaragua, Honduras, El Salvador und Guatemala hinweg. In fünf Tagen verwandeln sintflutartige Regenfälle ganze Landstriche in Schlammwüsten. Mindestens 20 000 Menschen sterben, rund drei Millionen werden obdachlos.

Mitte Juni bis Ende August 1999 Starke Regenfälle im Jangtse-Becken verwandeln ganze Landstriche in China in ein Katastrophengebiet. Nach offiziellen Angaben sterben 725 Menschen, rund 100 Millionen Chinesen sind von der Katastrophe betroffen. In der Provinz Zhejiang werden über eine Millionen Menschen obdachlos, in Anhui sind es 251000.

25. Januar 1999 Kolumbien: Ein Erdbeben der Stärke 6,3 fordert mindestens 700 Todesopfer. 250 000 Menschen werden obdachlos.

17. August 1999 Bei einem verheerenden Beben der Stärke 7,4 im Nordwesten der Türkei sterben mehr als 17 000 Menschen.

16. Dezember 1999 Bei Unwettern im Norden Venezuelas kommen bis zu 5000 Menschen ums Leben, mehr als 100 000 werden obdachlos.

26. Januar 2001 Im Nordwesten Indiens wird die Provinz Gujarat von einem Beben der Stärke 7,9 erschüttert. Nach offiziellen Angaben gibt es 20 000 Tote. Schätzungen gehen jedoch von einer doppelt so hohen Opferzahl aus. Über 100 000 Menschen werden obdachlos.

11. August 2002 Tief Ilse zieht ein Hochwasser in Tschechien, Österreich und Deutschland nach sich. Allein in Deutschland beläuft sich der Schaden auf zehn Milliarden Euro.

26. Dezember 2003 In der südostiranischen Stadt Bam kommen bei einem Beben der Stärke 6,3 41 000 Menschen ums Leben.

26. Dezember 2004 Ein Seebeben vor der Küste Sumatras verursacht einen Tsunami, dem rund um den Indischen Ozen 300 000 Menschen zum Opfer fallen.

(Stand: Februar 2005)

»Hamburg hilft«

Langfristige Unterstützung für Wiederaufbau und Entwicklung in Sri Lanka

Staatsrat Reinhard Stuth, Bevollmächtigter beim Bund, der Europäischen Union und für Auswärtige Angelegenheiten

Der kleine Junge spielt fröhlich am einsamen, hellen Strand, lacht mit seiner Mutter. Wasser umspielt seine Füße. Gemeinsam winken sie in die Kamera, die der Vater in der Hand hält. Dann ändert der Mann die Perspektive – etwas passiert in dieser Idylle. Fasziniert filmt er das Meer, das sich extrem zurückzieht. Begeistert beobachtet die Familie das Naturschauspiel. Doch dann kommt das Wasser, mit einer elementaren Gewalt. Panik bricht aus. Die Kamera läuft weiter, als die kleine Familie vor der Flut flieht. Diese Bilder des Amateurfilmers aus Deutschland, der mit Frau und Kind der Welle lebend entkommen konnte, sind mir in starker Erinnerung geblieben. Man erlebt den Schrecken, die Todesangst der Menschen ganz nah mit, kann erahnen, wie furchtbar diese Minuten des Überlebenskampfes gewesen sein müssen – für Hunderttausende. Eine unfassbar große Zahl von Einwohnern und Touristen in vielen Ländern Südostasiens hat es nicht geschafft, vor dem Tsunami zu fliehen. Die Überlebenden stehen jetzt häufig vor den Ruinen ihrer Existenz.

Schon in den ersten Tagen nach der Katastrophe war auch in Hamburg eine große Hilfsbereitschaft zu spüren. Viele Menschen werden sich an die Sturmflut von 1962 erinnert haben: Wir Hamburger wissen, dass das Lebenselixier unserer Stadt auch zerstören kann. Der Erste Bürgermeister Ole von Beust rief die Bürgerinnen und Bürger zu Spenden an die Hilfsorganisationen auf, damit eine schnelle Nothilfe realisiert werden konnte.

Schnell wurde jedoch deutlich, dass für den Wiederaufbau ein langer Atem notwendig sein würde. Bürgermeister Ole von Beust hat deshalb ein Aktionsbündnis mit einem gemeinsamen Spendenkonto ins Leben gerufen: Unter dem Titel »Hamburg hilft« arbeiten Hilfsorganisationen und Medien gemeinsam daran, langfristige Projekte zu realisieren. Zu den Partnern gehören die Caritas, das Deutsche Rote Kreuz, die Diakonie, Unicef, die Deutsche Welthungerhilfe, der Arbeiter Samariter Bund, das

Technische Hilfswerk, die Johanniter, Plan International, der Malteser Hilfsdienst und die Gesellschaft für internationale Weiterbildung und Entwicklung (InWent) sowie die Medien NDR-Hamburg Journal, NDR 90,3, Hamburg 1, RTL-Nord, SAT 1, das Hamburger Abendblatt, die Welt und die Hamburger Morgenpost (Stand Anfang Februar 2005). Darüber hinaus hat der Bürgermeister mit seinen Kolleginnen und Kollegen in Kiel, Lübeck und Bremen eine Kooperation verabredet. In Anlehnung an die Idee der Bundesregierung, Patenschaften für Länder und Regionen zu übernehmen, widmet sich »Hamburg hilft« dem Wiederaufbau in Sri Lanka. Dort verfügen viele Hilfsorganisationen bereits über Partner; zudem kann Hamburg sein Wissen und seine Erfahrung beim Wiederaufbau von Hafenanlagen einbringen.

Der Senat der Freien und Hansestadt Hamburg versteht sich in diesem Bündnis nur als Koordinator, der dazu beiträgt, dass sinnvolle Projekte gefunden und von den fachkundigen Hilfsorganisationen realisiert werden können. Deshalb strukturiert sich »Hamburg hilft« in zwei Arbeitsebenen: Im Spenderplenum treffen sich in regelmäßigen Abständen alle Partner, um über den aktuellen Stand der Hilfe zu beraten. In kleinerer Runde kommen Vertreter der Hilfsorganisationen und der Medien unter meiner Leitung im Hilfsausschuss zusammen. Dort diskutieren wir über Projektanträge, die an »Hamburg hilft« herangetragen werden, beschließen, wer Spendengeld erhält und verabreden eine gemeinsame Öffentlichkeitsarbeit. Die Vorschläge müssen keineswegs von großen Hilfsorganisationen gemacht werden. Vielmehr können auch kleine private Initiativen sich beim Bündnis um Spendenmittel bewerben. Für alle Anträge gelten jedoch bestimmte Kriterien: So müssen beispielsweise die Partner vor Ort konkret benannt werden, ein Kosten- und Finanzierungsplan muss vorliegen und die Nachhaltigkeit sollte verankert sein.

Die Atmosphäre während der Sitzungen des Hilfsausschusses ist geprägt von großer Kooperationsbereitschaft aller Beteiligter. Ich freue mich darüber, dass stets in freundschaftlichem Ton diskutiert wird und Konkurrenzdenken keine Rolle spielt. Dabei bemühen sich die Mitglieder des Hilfsausschusses um eine schwierige Balance: Auf der einen Seite hat die Öffentlichkeit – allen voran natürlich die Spender – ein Recht darauf, dass möglichst schnell Aufbauarbeit geleistet wird. Auf der anderen Seite ist es unsere Pflicht, die Projekte sorgsam auszuwählen. Nur so können wir gewährleisten, dass das Geld ankommt und richtig verwendet wird. Im Zweifel geht Gründlichkeit vor Schnelligkeit.

Als erstes Projekt hat der Hilfsausschuss Ende Januar einer Bitte des Landesbetriebs Krankenhäuser entsprochen: Der LBK Hamburg hat ein medizinisches Team für drei Wochen in das Ruhunu Hospital in Galle geschickt, das durch die extrem hohe Patientenzahl nach der Flut überlastet ist. Für die medizinisch-technische und pharmazeutische Ausstattung stellte »Hamburg hilft« bis zu 100 000 Euro zur Verfügung. Zwei Gesundheitsstationen im Distrikt Matara, etwa 160 Kilometer südlich von Colombo, möchte das Deutsche Rote Kreuz wieder aufbauen. Die Kosten für die beiden Stationen in Höhe von rund 50 000 Euro übernimmt ebenfalls »Hamburg hilft« – unser zweites Projekt. (Stand Anfang Februar)

Der Erste Bürgermeister Ole von Beust rechnet damit, dass unser Engagement möglicherweise deutlich länger als ein bis zwei Jahre in Anspruch nehmen wird – wir werden also auch weiterhin auf Spenden angewiesen sein. Wir prüfen daher auch Wege zur langfristigen Sicherung von Projektmitteln. In einer Zeit, wo das Interesse der Bevölkerung schnell nachlassen kann und sich anderen Themen zuwendet, ist dies keine einfache Aufgabe. Umso wichtiger ist es, dass die Medien die Arbeit unterstützen: Als Mitglieder bei »Hamburg hilft« entscheiden die Vertreter der Presse nicht nur aktiv mit, welche Projekte gefördert werden. Die Journalisten berichten über die Beschlüsse, und vor allem machen sie sich vor Ort ein Bild von den Aufbauarbeiten. Auf diese Weise werden die Menschen in Hamburg umfassend darüber informiert, was mit ihrem Geld passiert. Zugleich wird dadurch auch deutlich, dass noch immer Spenden benötigt werden – der Wiederaufbau und die nachhaltige Entwicklung des Landes insgesamt werden lange dauern.

Deshalb bin ich froh über die nach wie vor ungebrochene Spendenbereitschaft der Hamburgerinnen und Hamburger sowie von Unternehmen. Schon nach zwei Wochen hatte unser Spendenkonto die 500 000-Euro-Grenze überschritten. Ein großartiger Erfolg, der das Vertrauen widerspiegelt, das die Spender in »Hamburg hilft« haben. Ich hoffe, dass wir gemeinsam die Menschen in Sri Lanka so lange unterstützen werden, bis sie für ihren Lebensunterhalt gänzlich aus eigener Kraft sorgen können.

Informationen über den aktuellen Stand von »Hamburg hilft« sind im Internet unter *www.hamburghilft.hamburg.de* zu finden.